権力vs市民的自由

表現の自由とメディアを問う

田島泰彦
韓 永學
千 命載
城野一憲
森口千弘
大塚一美
浮田 哲
石井育子

編著
韓 永學
大塚一美
浮田 哲

花伝社

はしがき

本書は、田島泰彦教授が２０１７年度末をもって上智大学を定年退職されることを祝賀して、先生の学問的薫陶を受けた研究者たちが企画し、各自の最近の研究成果を取りまとめたものである。

田島先生は、神奈川大学短期大学部教授を経て、１９９９年度より上智大学文学部新聞学科教授として着任され、メディア法の研究と学部生・大学院生（非常勤先の早稲田大学の大学院生も含む）等の教育指導にあたってこられた。先生は、表現・メディアの自由研究の第一人者として、精緻な論理と深い洞察に基づく多彩かつ膨大な業績を誇る（巻末の「主な研究業績」を参照されたい）。

また、日本におけるメディア責任制度の導入に先駆的に取り組まれる（放送と人権等権利に関する委員会委員、毎日新聞社「開かれた新聞」委員会委員等歴任）とともに、研究成果の活発な社会還元に努められ（各種研究会、フォーラム、シンポジウムの主催）、結果として先生の周りには研究者のみならず多くのジャーナリストや弁護士等、問題意識を共有する方々が数多く集まり、表現の自由の擁護やジャーナリズムの育成、市民社会の成熟に尽力された。

このように、田島先生は大学教授の3大役割、すなわち、教育（teaching）、研究（research）、社会奉仕（community services）を全うされてきた。

本書は、田島先生の研究を継承・発展させていくことを念頭に、表現・メディアの自由の今日的課題に着目して企画されたもので、相変わらず研究意欲の旺盛な先生と先生の学恩を受けた研究者7名の論考から構成されている（3部構成）。

第Ⅰ部「表現規制立法とメディア」は、田島先生の論考「特定秘密保護法とメディア――取材・報道規定（22条）を中心に」を収めた。2012年以降の第二次安倍政権下における言論・情報統制や市民監視の動向に関する批判的考察として、特定秘密保護法の定める取材・報道規定に立ち入って吟味しつつ、法の制定がメディアに投げかけたものに言及する。

第Ⅱ部「表現の自由の現代的動向と諸相」では、憲法的視点から国内外の表現・メディアの自由の現状と課題について探求する。韓永學「反論権をめぐる国際的動向と日本の課題」は、反論権をめぐる国際的動向を踏まえつつ、日本における反論権の憲法上の根拠と実現方式を検討する。千命載「韓国におけるゲーム審議制度に関する一考察――2016年改正「ゲーム法」からみる自主審議制度の問題を中心に」は、韓国の2016年改正「ゲーム法」を中心に自主規制の在り方を検討しつつ、日本の課題を提起する。城野一憲「表現の自由と「政治的中立性」」は、表現の自由をめぐる憲法訴訟や理論の中で、「政治的中立性」という概念がどのような役割を果たしてきたのかを改めて整理し、それぞれの「政治的中立性」概念の意味内容を明らかにする。森口千弘「わいせつ規制と思考の自由――わいせつ物単純所持規制を題材に」は、子どもの保護を目的とする規制に隠れて、小児性愛など特定の「考え方」を持った人に対して、その考え方のみを理由に不利益を課すことの憲法上の問題を論じる。

第Ⅲ部「変質する権力とメディア」では、ジャーナリズムの視点から日米の政府とメディアの関係の断面を明らかにする。大塚一美「米大統領選とメディア――フェイクニュースとマスメディアの信頼性の考察を中心に」は、トランプ政権誕生直後の既存メディアに焦点を当て、同大統領によるメディア選別と批判に対応したメディアの動きを考察する。浮田哲「安倍政権下におけるNHKニュースに関する考察――「ニュース7」の加計学園問題報道を中心に」は、NHKのニュースを中心に、テレビニュースがどれだけ「安倍寄り」の報道を行っているのかを具体的に検証する。石井育子「地域の情報流通における県域ラジオの可能性をめぐる一考察」は、インターネット時代のラジオの在り方を、県域ラジオの調査をもとに、ラジオの特性や地域性を踏まえて考察を行う。

本書は、このように各執筆者がそれぞれの観点から表現の自由やメディアについて考察した論考を編んだものである。統一的なテーマは設けていないが、田島先生の学恩を受けた者たちに通底する問題意識があらわれたものになったと考えている。

本書が、メディア、ジャーナリズム、憲法等の分野の学生・研究者・実務者に読まれ、田島先生の学恩に少しでも報いることができればと願う。
最後に、本書の公刊にあたっては、花伝社の平田勝社長および佐藤恭介氏に大変お世話をいただいた。執筆者一同を代表して厚く御礼を申し上げる次第である。

２０１８年３月

韓永學、大塚一美、浮田哲

権力vs市民的自由——表現の自由とメディアを問う◆目次

第Ⅲ部　変質する権力とメディア

第I部

表現規制立法とメディア

第1章　特定秘密保護法とメディア

――取材・報道規定（22条）を中心に

田島泰彦

はじめに

本稿では、特定秘密保護法について、その取材・報道規定（22条）を中心に、メディアとの関りに即して検討を試みる。

具体的には、まず特定秘密保護法も含む２０１２年以降の安倍政権下での言論統制と市民監視の動向を一瞥した後（1）、特定秘密保護法が定める取材・報道規定（22条）につき立ち入って吟味し（2）、法の制定がメディアに投げかけたものに関しても手短に触れてみたい（3）。

なお、特定秘密保護法と取材・報道の自由については、22条所定の取材・報道規定だけでなくそれも含む法の全体構造に即して考察すべき論点であり、テーマであることは言うまでもない(1)。

1 安倍政権下で進む統制と監視

2012年以降の第二次安倍政権下で言論・情報統制(2)や市民監視をめぐりどういう事態が進んでいるのか、今後何が目指されているのか、少し考えてみたい。

どういう事態が進んでいるのかを典型的に示しているのは、2013年の特定秘密保護法と共通番号法(3)の相次ぐ成立である。この二つは別個の法制であるが、根底ではつながっている。つまり、重要な情報(防衛、外交等の公的情報や税・社会保障等の個人情報)を「お上」が独占するなか、一方で国民が知るべき情報を過剰に秘匿、禁圧し(特定秘密保護法)、他方で踏み込んではならない市民の個人情報を国が過度に管理する(共通番号法)ことにより、国による情報の統制とコントロールの基盤的、制度的枠組みが構築される意味をもっているからだ。

もう一つの進展は、今年の共謀罪を創設する組織犯罪処罰法の成立と施行であることは言うまでもない(4)。共謀罪はコミュニケーション、内心、結社など市民の諸自由を侵害し、盗聴等市民監視を加速するツールとなり、自由で民主的な市民社会を歪め、脅かすおそれがある。

こうした典型例以外にも、単純所持罪導入する児童ポルノ法改正（2014年）、差別的言動（ヘイトスピーチ）解消法成立（2016年）、盗聴対象犯罪の拡大や通信事業者による立ち合い不要化を含む盗聴法改正（2016年）、テロ資金提供処罰法改正とテロ資金凍結法の成立（2014年）、自民党や総務大臣による相次ぐ放送介入[5]（2014年以降）、政権と右派メディアとの連携による朝日新聞への一連のバッシング（2014年から）など、統制と監視が激しくなってきた。

以上を背景に今後どういう事態が進むのか。一つは、市民監視の拡大と強化である[6]。特に、会話や電話、メールなどが重要な役割を担うことになるので、共謀罪を盗聴対象に加えていくだけでなく、会話（室内）盗聴の導入、法制化も間違いなく視野に入っている。また、テロ防止も口実にしつつ、事後的、司法的な窮屈な規制を離れ、よりフリーハンドな予防的、行政的な活動と組織が求められていて、現行の裁判所の令状なしに捜査機関の一存で盗聴を認める「行政傍受」の導入と、本格的な情報・諜報機関の創設が目指されている。

もう一つの方向は、憲法改正による表現・人権規制である[7]。当面、自衛隊加憲案による規制の重要性も軽視してはならないが、何と言っても2012年に公表した自民党の日本国憲法改正草案が示した「公益及び公の秩序」による人権や表現の自由に制限を加える提起が本丸である。市民の表現の自由や人権の行使は窒息を強いられ、統制と監視の総決算の見取り図を示す文書となる。

こうした統制と監視に抗い、市民の自由と人権を取り戻す必要が求められている。

2　特定秘密保護法における取材・報道規定（22条）の批判的考察

特定秘密保護法の制定と枠組み

特定秘密保護法制定の直接の契機は、民主党政権下での秘密保全法制[8]の提起であり（２０１１年）、２０１２年末の総選挙で復活した自公政権のもとでの第二次安倍政権による法制化の実現である。しかしながら留意すべきは、民主党政権前の自公政権末期（２００７～２００９年）に秘密保護法制の強化が進められてきたことも含め、戦後日本の秘密保護法制が常に再編、強化、拡大してきたことの一環として位置づけ、その背景が理解されるべきである点だ[9]。

特定秘密保護法案は、２０１３年10月、国会に上程されたが、そのなかで修正協議を重ねてきた自民・公明の与党と、日本維新の会、みんなの党の4党は共同して修正案を国会に提出し、11月に衆議院で、12月に参議院で可決し、成立した。周知のように、法律の基本的枠組みは以下の通りである[10]。

特定秘密保護法で対象となる秘密とは、行政機関の長が「特定秘密」として指定するものを指し、それは「別表に掲げる事項に関する情報であって、……その漏えいがわが国の安全保障に著しい支障を与えるおそれがあるため、特に秘匿することが必要であるもの」である（３条）。

別表に掲げるものとして記しているのは、①防衛、②外交、③特定有害活動の防止、④テロリズムの防止、に関する事項であり、それぞれについて詳細な対象が列記されている。

規制の枠組みとして、特定秘密につき一定の行為を犯罪として処罰する一方、適性評価制度を導入して、特定秘密を取り扱える者に制限を加えるという方法が提案されている。処罰対象の点で、特定秘密の漏えい行為（23条）と取得行為（24条）の二つの基本類型が定められており、後者の類型は、特定秘密保有者の「管理を害する行為」による取得を犯罪とするもので、これらに対しては最高10年の懲役刑が科される。さらに、漏えいや取得に対する共謀、教唆、扇動についても最高五年の懲役刑に処される（25条）。さらに、過失による漏えい（23条4項、5項）や未遂（23条3項、24条2項）、国外犯（27条）も処罰対象となる。

もう一つの規制枠組みである適性評価制度については、特定秘密を漏らすおそれがないかどうかにつき、秘密取扱者に関し7項目にも及ぶ詳細な個人情報の調査、チェックを実施する仕組みが想定されている（4章）。また、報道の自由に十分配慮し、取材を正当業務行為とする旨の規定も用意されている（22条）。なお、法律では、特定秘密を業務として取り扱う対象者は、国家公務員に加えて、警察職員や民間契約業者の従業員も含まれるほか、国会議員を含む公益上特定秘密の提供を受ける多くの人たちも規制対象となる。

広範囲の秘密を〝お上〟だけの判断で勝手に決め、民間企業の従業員や政府三役も規制対象に加え、漏えいを厳罰で処すだけでなく適性評価の名の下に公務員等を選別して排除し、内部告発を抑制することによって情報源を萎縮させ、取得行為や教唆、扇動などに重罰を科すことでジャーナリストや市民の取材や調査に制限を加える、まさに知る権利抑圧法、情報統制法そのものである。

取材・報道規定（22条）の趣旨

特定秘密保護法は以下のように定めている。

（この法律の解釈適用）
第22条　この法律の適用に当たっては、これを拡張して解釈して、国民の基本的権利を不当に侵害するようなことがあってはならず、国民の知る権利の保障に資する報道又は取材の自由に十分に配慮しなければならない。
2　出版又は報道の業務に従事する者の取材行為については、専ら公益を図る目的を有し、かつ、法令違反又は著しく不当な方法によるものと認められない限りは、これを正当な業務による行為とするものとする。

22条は、本法の解釈適用について定める条項である。ここでは、大別して1項と2項に記す二つの規定からなっている。1項では、秘密保護法の適用にあたって、条文を拡張して解釈して国民の基本的人権を不当に侵害するようなことがあってはならないこと、および国民の知る権利の保障に資する報道・取材の自由に十分に配慮しなければならないことを規定している。2項では、特定秘密保護法の適用に関して、出版又は報道の業務に従事する者の取材行為は、専ら公益を図る目的を有し、法令違反又は著しく不当な方法によるものと認められない限りは、正当な業務行為とすることと定める。

なお、本条は当初国会に提出された法案（政府案。2013年10月25日）では21条となっていたが、その後の四党修正案を受け、最終的には22条へと条数が変わった。以下、国会審議等での政府当局者の答弁などでも時期によって条文の表記が異なることをあらかじめお断りしておく。

規定の射程と性格

(1) 22条の射程

秘密保護法では、特に漏えいの教唆罪（25条1項）や取得罪（24条）などにより行政機関や適合事業者以外のジャーナリストや市民の取材行為等が処罰対象になり、国民の知る権利や取材・報道の自由との間で緊張が生じる可能性があることから、「政府の保有する様々な情報を入手しようとする報道機関の正当な活動が制限されるようなことは許され」ないので、本条の規定が明記されたと説明される(11)。

本条、特に2項は「出版又は報道の業務に従事する者の取材行為」について定められているので、先の説明に注記した内閣官房・「逐条解説」にも示されているように、その主たる射程が出版・報道関係者やジャーナリストの取材活動の保護に向けられているのは確かである。しかしながら、本条の対象と適用を職業的な出版・報道関係者やジャーナリストだけに限定し、そういう人たち以外の市民（研究者もそこに含まれる）をすべて除外してしまうと解すべきではない。法制上も、1項で配慮しなければならないとされる報道・取材の自由の担い手は職業的な報道等の関係者やジャーナリストだけにとどまらず、報道・取材に携わり、関わるそれ以外の研究者や市民も広く含まれるはずだし、実際にも、職業的な報道者・ジャーナリストとそれ以外のNGO、研究者、市民が両者あいまって知る権利と自由な情報流通をより豊かにしていくことが現代民主主義の要請である（現に、ヨーロッパ人権裁判所でも報道の自由の保護を市民運動にも広げる判断を示している[12]）。

(2) 22条の性格

22条は、法律の解釈適用という枠の中で、配慮的規定を定める1項と、正当業務行為について具体的な規定を置く2項とで色合いを異にしているものの、全体としてどのような性格をもつものと理解すべきか。

この点、国会審議の中で、政府当局者から、本条は単なる訓示規定ではなく、解釈指針であり（森担当大臣答弁[13]。同大臣は、「今後の捜査機関の捜査、そして裁判等においても、この21

条をしっかりと行政の運用の解釈指針にしていただける」とも述べている[14]）、解釈適用の準則である旨が示されてきた（安倍首相は、「21条の規定は、行政機関はもとより、捜査機関や裁判所においても解釈適用の準則とな」ると答弁している[15]）。これらを踏まえて、運用基準では、22条の規定は、「行政機関等における解釈適用の準則、すなわち、特定秘密保護法の運用その他特定秘密に関する業務を行う全ての者が特定秘密保護法を解釈適用するに当たって従わなければならない基準である」旨が明記された（Ｉ２（１））。

本条の規定を解釈適用の準則と捉えたとしても、そこでどのような実際的効果が生ずるのかは慎重な吟味が必要である。22条が解釈適用の準則だとしたら、行政機関や捜査機関は22条の規定の義務を負い、裁判所も取材・報道の自由を保障する方向での解釈を採用すべきであるが[16]、実際に準則に反した解釈運用がなされてもその効力自体が否決されるわけでもなく、間違った解釈運用に制裁が加えられるわけでもないのも確かなので[17]、実質的な効果を期待するのは困難だろう。

制定経緯と系譜上の位置

(1) 22条の制定経緯

立法の経緯をみると、本条の規定内容は、閣議決定され、国会に提出された法案（２０１３年10月25日）において実質的に確定した（政府案21条。その後の四党修正案を受け、最終的には条数が22条へと変更された）。

まだ条文化されていなかった「特定秘密の保護に関する法律案の概要」（２０１３年９月３日）では、その「第２　概要」中の「３　その他」の「（１）拡張解釈の禁止に関する規定」との表題のもと、「本法の適用に当たっては、これを拡張して解釈して、国民の基本的人権を不当に侵害するようなことがあってはならない旨を定める」と記されている。

パブリックコメントを経て条文化された「政府原案の詳細」（２０１３年９月27日）では、第6章「雑則」中の「この法律の解釈適用」の項目のもとに20条で「この法律の適用に当たっては、報道の自由に十分に配慮するとともに、これを拡張して解釈して、国民の基本的人権を不当に侵害するようなことがあってはならない」と定められ、報道の自由への配慮が盛り込まれるようになった。

その後、この政府原案について、自民党と公明党の間で修正協議が行われ、その合意を踏まえて国会に提出された21条1項で、「この法律の適用に当たっては、国民の基本的人権を侵害するようなことがあってはならず、国民の知る権利の保障に資する報道又は取材の自由に十分配慮しなければならない」と定められ、２項で「出版又は報道の業務に従事する者の取材行為については、専ら公益を図る目的を有し、かつ、法令違反又は著しく不当な方法によるものと認められない限りは、これを正当な業務による行為とするものとする」と規定することになった（前述したように、その後法案国会提出後に衆議院での四党合意による修正を受けて本条の条数は22条になった)。

このように、制定経過において取材・報道の自由への保護を一定強めざるを得なかったのは、与党内での公明党からの要請もあったが、パブリックコメントでも示されているように、何よりも知る権利や取材・報道の自由への危惧を含む法案に対する疑念や批判が国会内外で強まったからである。

(2) 22条の系譜上の位置

22条は、秘密保護法制をはじめ取材・報道などに深くかかわる立法(重要な立法提案も含む)の系譜の中でどういう位置を占めるのか、若干の点につき記しておく。

一つは、1項の配慮的規定中の前半部分、すなわち、「この法律の適用に当たっては、これを拡張して解釈して、国民の基本的人権を不当に侵害するようなことがあってはならず」の箇所は、秘密保護法制上の系譜から言えば、MDA秘密保護法7条と文言ともどもまったく同様の規定となっているし、制定されることなく廃案となった1986年の国家秘密法修正案[18]13条1項でも、類似の規定が設けられたことがある(「この法律の適用に当たっては、表現の自由その他国民の基本的人権を不当に侵害するようなことがあってはならない」)。なお、このような規定は、若干の文言上のバリエーションはあるものの、軽犯罪法(4条)や破壊活動防止法(2条)など取材・報道や表現に関わる他の立法にも見受けられる。

第二は、1項の後半部分、すなわち、「国民の知る権利の保障に資する報道又は取材の自由に十分配慮しなければならない」との配慮規定の箇所は、秘密保護法制上も、他の取材・報道に関りの深い立法でも、あまり見ることができない（ただし、先に記したように国家秘密法修正案は侵害を禁止すべき基本的人権として表現の自由を明示していた点は留意が必要である）。いずれにしても、本条のこの部分は、立法の系譜上ユニークな条項と考えることができよう。

第三に、一定の取材を正当取材行為とする旨の2項の規定については、特に、立法の系譜上、国家秘密法修正案がその13条2項で、「出版又は報道の業務に従事する者が、専ら公益を図る目的で、防衛秘密を公表し、又はそのために正当な方法により業務上行った行為は、これを罰しない」と定めていたことである。本法2項の規定は、この修正案を補正して引き継いだ可能性が強い。両者は構造上類似している点が少なくないが、本法2項は一定の取材を正当業務行為とするとのみ記している一方、国家秘密法修正案では正当な取材行為等については「これを罰しない」と明確に定めている点である。なお、取材・報道等にも関わる個人情報保護法が報道機関等の義務等の適用除外を定めている[19]（50条1項。２０１５年の法改正により現行の76条1項）のも留意が必要である。

人権の尊重と取材・報道の自由への配慮（1項）

⑴基本的人権への不当な侵害の禁止（前段）

本項前段の趣旨について、内閣官房・「逐条解説」は、①個々の特定秘密を条文に規定するのは不可能であること、②漏えい教唆や不正取得罪は行政機関や適合事業者以外のものも処罰対象になりうること、③適性評価制度の新設などから、政府として本法の「適切な運用に万全を期すべき」であると説明している[20]。

本項前段の内容について、運用基準では、特に以下の二点について留意を促している。一つは「特定秘密保護法が定める各規定を拡張して解釈してはならず、厳格にこれを適用すること」であり、特に、「必要最小限の情報を必要最小限の機関に限って特定秘密として指定するものとすること」と定めている（Ⅰ２（１）ア）。もう一つは、「憲法に規定する基本的人権を不当に侵害することのないようにすること。特に、適性評価の実施に当たっては、プライバシーの保護に十分に配慮しなければならないこと」と説明している（Ⅰ２（１）イ）。

⑵取材・報道の自由への配慮（後段）

本項後段の趣旨について、内閣官房・「逐条解説」は、特定秘密を指定し、厳正な保全措置を講ずること、および特定秘密の漏えい教唆罪や取得行為を処罰していることなどから、本法は報道の自由や取材の自由との関係で緊張関係が生ずる可能性があるため、報道機関の正当な活動が制限されないよう本項で取材・報道の自由に十分配慮する規定を明記したと説明している[21]。国会審議の中では、本項後段の規定に関わって、森担当大臣は、特に「知る権利については、憲法21条の保障する表現の自由と結びついたものとして理解をしておりますので、しっかり保障する」と知る権利を強調する答弁を行った[22]。

本項後段を中心とする本条の規定について、運用基準では、「いわゆる国民の権利は、憲法第21条の保障する表現の自由や、憲法のよって立つ基盤である民主主義社会の在り方と結び付いたものとして、十分尊重されるべきものであること」として、特に、「報道又は取材の自由については、国民の知る権利を保障するものとして十分に配慮することとし、出版又は報道の業務に従事する者と接触する際には、特定秘密保護法第22条第1項及び第2項の規定を遵守すること」と定めている（Ⅰ2（1）ウ）。

取材行為と正当業務行為（2項）

⑴正当業務行為の意義

22条2項は、秘密保護法の適用について、一定の取材行為を正当な業務行為とする旨の規定である。具体的には、「出版又は報道の業務に従事する者」の取材行為は、「専ら公益を図る目的」を有し、「法令違反又は著しく不当な方法」によるものと認められない限りは、「正当な業務による行為」とする旨定めている。

本条は一定の取材行為を正当な業務行為とするとだけ記し、処罰の対象にしないとは規定していないので、刑罰との関係が問題となる。国会審議の中で、森担当大臣は、通常の取材行為は処罰対象とならない旨答弁しているので[23]、本法上の正当な取材行為は、刑法上の正当防衛や正当業務行為などで違法性が阻却される場合と同じように、違法性が阻却され、処罰されないと解される。

雑則の章に置かれ、「この法律の解釈適用」という条文の表題が付されていることとも相まって、罰則の対象とならないことへの危惧と懸念を防ぐためには、一定の取材行為を正当業務行為とするだけでなく、刑罰の対象としない旨を明記することが立法論的な課題としてある。

(2) 出版又は報道の業務に従事する者

本項上、取材が正当業務行為として処罰の対象とならないためには、取材する主体が「出版又は報道の業務に従事する者」でなければならない。この点、国会審議の中で、「報道の業務に従事する者」とは、「不特定かつ多数の者に対して、客観的事実を事実として知らせることや、これに基づいて意見又は見解を述べることを職業その他社会生活上の地位に基づき継続して行う者をいう」とされ（岡田広内閣府副大臣の答弁[24]）、そこで示された「社会生活上の地位に基づき」とは、「日常生活上の活動を除くという趣旨であり」、「有償、無償を問わず、報道の業務を継続的に行っている者」（岡田副大臣答弁[25]）などと政府当局者により説明されている。

報道等の業務に従事する者の範囲が問題となるが、これには、放送機関、新聞社、通信社、雑誌社の記者に限られず、個人のフリーの記者も含まれるとされる（岡田副大臣答弁[26]）。また、政党や各種団体が発行する機関誌による取材行為も「広く不特定多数の方に客観的事実を事実として知らせるもの」なので報道等に原則として該当するとの判断が示され（森担当相答弁[27]）、政党等の機関誌の記者も本項上の報道等の業務に従事する者に含まれうるとされている。さらに、一般人のブログでの情報発信についても、「不特定かつ多数の者が当該ブログを閲覧することができ、当該ブログが客観的事実を事実として知らせることを内容とし、かつ当該ブログを掲載している者がこれを継続的に行っているような場合には」、「出版又は報道の業務に従事する者」に該当し得るとされる（鈴木政府参考人の答弁[28]）。ただし、こうした情報発信については、その継続の必要性が強調されており（鈴木政府参考人答弁[29]）、「一回情報を発信したということで、これは継続性がない、ホームページで継続して情報を発信しているということはこれに当たる」と釘が刺されている（岡田副大臣答弁[30]）。また、学術的研究に従事する者の調査行為等についても、「当該研究者が不特定かつ多数の者に対して客観的事実を事実として知らせることや、これに基づいて意見又は見解を述べることを職業その他社会生活上の地位に基づき継続して行う場合は、『出版又は報道の業務に従事する者の取材行為』に該当する[31]」と解される。

以上のような「出版又は報道の業務に従事する者」について政府当局者等による一連の説明、解釈は、いずれも基本的にその範囲を広げる方向で提示されており、十分なものかどうかは別として、取材・報道の自由の観点からは一定の評価に値すると考えられ、本法の運用や実務に生かされることが求められる。

(3) 専ら公益を図る目的

本項上、正当な業務による行為とされるためには、取材行為が「専ら公益を図る目的」を有するものでなければならない。この点につき、国会審議の中で森担当相は、「テロリストが報道機関として偽ってテロのために情報を収集している場合などの例外」を除いて、出版、報道を伴う通常の取材は「専ら公益を図る目的」に該当する旨示している（森担当相答弁(32)）。けだし当然の判断である。

(4) 著しく不当な方法

本項上、取材行為が正当な業務による行為とされるためには、「法令違反」または「著しく不当な方法」によるものと認められないことが必要とされる。正当業務行為とは認められない「法令違反」と「著しく不当な方法」による取材のうち、特に検討が求められるのは、「著しく不当な方法」による取材とは何かという点である。

この点について、国会審議の中で、政府当局者は、外務省秘密漏えい事件最高裁決定（1978年5月31日）を踏まえて、「著しく不当な方法」とは、「取材対象者の個人としての人格を著しくじゅうりんする等、法秩序全体の精神に照らし、社会観念上是認することのできない態様のもの」を指すとしている（鈴木政府委員答弁(33)）。「著しく不当な方法」についてのこの定義的な説明は、「法秩序全体の精神」や「社会観念上是認することのできない態様」などあいまいで広範な不確定概念が含まれていて、取材の自由を過度に制約するおそれがある。

先の定義的説明を前提に、森担当大臣は、以下の取材行為は「著しく不当な方法」には該当しない旨国会審議の中で答弁している(34)。①夜討ち朝駆け取材、②頻繁なメール、電話、直接な接触、③個人的関係などに伴うコミュニケーションや飲食、④入室可能な状態になっている部屋に入室し、閲覧可能な状態になっているパソコンの画面や書面を閲覧する行為、⑤机上に伏せられている書類を裏返して閲覧する行為や写真撮影による閲覧、⑥パスワードが入力済みで閲覧可能な状態になっているパソコンをワンタッチして閲覧する行為、⑦特定秘密取扱業務者ではないその関係者および周辺者に対する取材、⑧特定秘密取扱業務者ではないものの取扱業務者と関係の深い部局担当者への取材、⑨特定秘密を知得しているであろう政治家への取材、⑩特定秘密取扱業務者の家族への取材、⑪適合事業からの取材。

このように例示された11の具体的な取材方法が「著しく不当な方法」には含まれないことには異論がないので、少なくともジャーナリストや記者などは萎縮することなくこのような活動を従来通り続けることができるし、許容される取材方法もこの11項目に限定されると考えるべきではなく、その範囲を広げていくことが求められている(35)。なお、森担当大臣は「著しく不当な方法」についての具体的な事案につき、「コンメンタール等で明らかにする方法を検討したい」旨も表明している(36)。

取材・報道の自由侵害の危険と展望

(1)取材・報道の自由侵害の危険

取材・報道の自由の観点からみて、本条の規定は全体として一定の積極的役割を果たす可能性がないわけではない一方で、むしろその保護が不十分であるだけでなく、そうした自由の侵害をもたらす危険も少なくない。特に次のような点が指摘できる。

第一に、前述のように、国会審議の中で政府当局者の答弁により、取材の自由と規制のありようが一定明確になり、自由への制限が狭められ、自由の範囲が広げられる局面も出てきたことも確かだが、運用や実務のうえで政府当局者の答弁がその通り自動的に実施される保障や担保はないことを直視する必要がある。加えて、そもそも規定そのもののレベルで、1項の配慮的規定が実効性を期待するのは難しいし、取材を正当業務行為とする2項の規定自体も取材活動を全面的に刑罰の対象から外すものではもとよりなく、保護の対象者（出版・報道の業務に従事する者）の限定や保護条件（「著しく不当な方法」など）の多さと厳しさなど、取材・報道の自由を広く認める構造になっているとは言い難い。

第二に、一定の取材行為について正当業務行為とされ、処罰を免れる旨の本条2項は、直接的、実際的には刑事裁判の場面で制約を加えるルールであり、これにより捜査機関による捜査が制限されたり、拘束されるわけではなく、取材が正当業務行為かどうかなども含む判断は捜査機関の裁量に委ねられざるを得ないので[37]、逮捕や捜索・押収などの捜査権限の行使を通して正当な取材行為が制限される危険をはらんでいる。現に、国会審議の中でも、報道機関などに強制捜査が入ることを許容する政府答弁がある（谷垣禎一法務大臣の答弁[38]。この谷垣答弁は、これに否定的だった森担当大臣の答弁[39]を事実上変更した）。

第三に、本条が定める取材・報道の自由保護の仕組みが用意されたとしても、本法により、取材対象であり、情報源である国家公務員等（秘密取扱業務者）に対し広範な秘密が特定秘密として設定され、重罰化による漏えい禁止等の厳しい規制が課されているので、萎縮の一層の進行や内部告発の困難化も与って、取材すべき対象である国家情報はますます提供されにくく、出にくくなるのは明らかである。取材すべき情報が狭められ、少なくされれば、取材の自由は形骸化し、報道の自由やひいては知る権利も骨抜きになってしまいかねない。本条のような取材・報道の自由保護の仕組みがあるからといって、取材・報道の自由の実質が確保され、充足されることには必ずしもならず、むしろ本法の構造的メカニズムにより取材・報道の自由は制約や侵害の危険がある。

第四に、国家公務員と報道関係者との接触に関する倫理規範構想についてである。国会審議等の中で、森担当大臣はこうした倫理規範について、特定秘密の漏えいを防止するために、また報道機関との接触の委縮が生じることのないような効果もあるので、検討したい旨答弁し[40]、後の記者会見では、取材・報道の自由を制限するような規範を作ることは考えていないとしつつも、有識者会議等の意見を伺いながら検討したいと発言している（森内閣特命担当大臣記者会見要旨（平成25年12月3日）[41]）。このような倫理規範の作成は、取材源・情報源に法律に加えて倫理的・行動的規範を課すことになるので、取材・報道の自由を実質的に制限する可能性をもつと言わなければならない。

⑵取材・報道の自由保護の展望

以上の考察なども踏まえると、本法と取材・報道の自由の在り方を展望すると以下のような点が重要だと考える。

一つは、記者やジャーナリストなどによる取材活動が本法によって刑罰の対象となりうるのは、取得罪（24条）と漏えいや取得の共謀、教唆、煽動（25条）などであり、すべての取材活動が処罰の対象とされ、また報道そのものが刑罰の対象となるわけでもなく、先に記した犯罪行為に該当し、かつ22条に定める正当業務行為として認められない取材行為のみが処罰されるという本法の枠組みを認識して、取材・報道を必要以上に自粛、萎縮させることなく自由闊達に展開することが求められる。

第二に、24条や25条をはじめ取材・報道に関連する規定や22条の取材・報道の保護規定については、可能な限り表現の自由や取材・報道の自由の憲法原理の観点から条文の射程や意味を解釈し、運用することが求められる。国会での政府当局者の答弁もこういう文脈で位置づける必要がある。

第三に、法規定自体が解釈の枠の中に収まりきれないとしたら、法の改正そのものを提示することが求められることになる。例えば、22条の保護対象は、「出版・報道の業務に従事する者」と定められており、可能な限り市民や研究者に広げることは解釈等で可能であり、必要であるとはいえ、規定の枠に制約されざるを得ない限界があるのも確かである。さらに、現在の国際的なスタンダードからすれば（国家の安全と表現の自由の関係についての国際的なスタンダードの役割を果たしているツワネ原則（「国家安全保障と情報への権利に関する国際原則」[42]。22の国際団体により起草され、2013年6月、南アフリカのツワネで発表された文書）の原則47など）、秘密情報の入手や公表について、ジャーナリストや市民が刑事的制裁等から解放される方向に向かっていることを踏まえると、これを具体化する法改正の課題が提起されてしかるべきである。

最後に、以上のような法解釈や立法提案にもかかわらず、広範な国家情報を特定秘密として行政機関の長の一存で指定し、その漏えいや取得、漏えいや取得の共謀・教唆・煽動などを重罰に処し、適性評価制度によって管理を強める本法の制度設計そのものが、取材・報道の自由や知る権利と両立し難いと指摘せざるを得ない本質を抱えている。本法の廃止と抜本的な制度再設計が展望されるべきである。

3　特定秘密保護法がメディアに投げかけているもの

法の制定にメディアはどう対応したか

メディアはなぜ特定秘密保護法制定阻止に積極的な役割を果たせなかったのか、改めて吟味したい。特定秘密保護法が制定されてしまったことについては、メディアが果たした役割がある意味で大きかった。確かに法案審議の過程で市民の間に法案への懐疑や批判、そして反対が強まり、これとともにメディアの報道量も格段に増え、そのスタンスも変わっていき、東京新聞などを中心に、批判的な世論を形成するようになっていったのも事実だ。

しかしながら、特定秘密保護法につながる提案は、民主党政権時代の秘密保全法制に関する有識者会議の報告書（２０１１年８月）が出されたことからだった。これは法案審議の２年数ヶ月ほど前のことだが、それから法案審議の前までの間、市民運動レベルなどでは一部であれこの法制化の危険性が繰り返し指摘されてきたにもかかわらず、メディアの報道ではこの問題をほとんど積極的に伝えてこなかった。また、法案論議においても、特にＮＨＫは法案の問題点をきちんと伝えず、消極的な報道姿勢に終始した。

なぜ、メディアはこの法案に厳しく対峙できないできたのか。記者一人ひとりの努力が足りないという個人的な問題より、もっと構造的な問題だと思われる。取材、報道の現場で、当局発表の情報をそのまま報ずる「発表ジャーナリズム」の傾向がより強くなってきたのではないか。そのために、権力と対峙しつつ格闘し、闘うなかで市民に伝えるべき情報をもぎ取り、入手するという仕事が、日々の報道の活動のなかであまり見られず、重視されていないという職場環境が広がっているのではないか。大切な情報を手に入れるべく権力と対峙して格闘する仕事に直面していれば、ただでさえなかなか情報が出ないことに理不尽を感じる経験から、なぜ今秘密が強化されなければならないのか、という根源的な疑問が湧いてくるはずだからだ。

メディアの中に、権力を監視し、大事な情報をいかに伝えるかというジャーナリズム本来の問題意識が希薄になっているがゆえに、特定秘密保護法導入の危険認識や危機感が鈍ってしまったからではないのか。この国で進行しつつある言論規制や情報統制と対峙し、市民社会のなかに自由な表現を擁護し、回復するためには、権力監視や調査報道の再生が喫緊の課題であると感じる。

法はメディアに何を問うているのか

特定秘密保護法が制定され、運用されてからもう数年がたつことになる。特定秘密保護法そのものについてメディアで言及されることはあまりないが、メディアによる特定秘密保護法の対応のなかに、ジャーナリズムの深刻な問題が見て取れるように思われる。筆者が不幸だと感じてきたのは、メディアのなかで政治的スタンスが分かれることではなく、言論の前提となっている事実や情報を共有する部分まで立場が分かれ、分断されている状況である。

特定秘密保護法では、取材・報道の規定はあるものの（22条）、大事な国の基本情報（防衛、外交、スパイ防止、テロ防止に関する安全保障情報）が〝お上〟（行政機関の長）によって秘匿されることになる。この情報は右とか左とかに関係なく、ものを考える前提になる情報であり、事実である。報道機関やジャーナリズムは、報道（事実）を提供するとともに、ある立場から言論を行うところでもある。報道（事実）を前提に踏まえて、自分たちの立場からの主張、論評、言論を提示することが求められる。こうして、民主主義社会には、異なった言論が多様に豊かに展開されているはずであるにもかかわらず、特定秘密保護法では防衛や外交などの安全保障情報（事実）が隠匿され、言論を行うための情報や事実が共有できず、民主的な報道機関や言論機関が成り立たない構造が生まれてしまうことになる。

それを避けるためにどうするか。それは、報道機関および言論機関が、重要な国の情報（事実）を共有するために、メディアは政治的スタンスの立場いかんを超えて、専門機関、職能集団として徹底的に法と対峙し、切り結ぶことが必要だった。にもかかわらず、政治的スタンスの違いから分断されてしまった。多くのメディアは特定秘密保護法に反対したが、読売や産経の両紙などは賛成したし、ＮＨＫにも反対の声は少なかった。

繰り返すが、特定秘密保護法の問題は、決して右左の問題ではなく、肝心の国の情報（事実）が市民社会やメディアに出てこないため、不十分な報道だけでなく、報道を踏まえたまともな言論も形成されなくなってしまうことだ。自由で民主的な社会であれば、いかなるメディアであれその立場を超えて、情報の秘匿とコントロールの構造そのものと闘うことが、やはり求められるのだと感じる。

しかしながら、こうした不健全さはかつてと必ずしも同じではない。１９７０年代の沖縄密約事件で当時毎日新聞記者だった西山太吉さんの刑事裁判の際、読売新聞の渡邉恒雄記者を含め、多くの記者が西山記者擁護のため法廷で証言した。まともな状況が本来の姿であって、今のメディアの対立を「政治的なスタンス、意見が違うのだから仕方ない」ではすまされない。言論の自由やジャーナリズムを守るためにまともに闘うことができないメディアの構造がつくられつつある。これを打ち破るために、メディアや市民は連携して本来の姿を取り戻すことが求められる。

［付記］

本稿は、以下の拙稿をもとに加筆、補正、再構成したものであることをお断りしたい。1については、「統制と監視から市民の自由と人権を取り戻そう」（『週刊金曜日』2017年9月22日号）、2については、「第22条」（青井未帆・斉藤豊治・清水勉・田島泰彦・晴山一穂・三宅弘・村井敏邦『逐条解説　特定秘密保護法』日本評論社、2015年）、3の前半については、「権力との対峙放棄し秘密保護法成立を許容したメディア」（『週刊金曜日』2017年2月17日号）、後半については、「特定秘密保護法はメディアに何を問うのか」（『週刊金曜日』2016年10月14日号）。

注

（1）拙稿「表現を規制し情報を統制する秘密保護法」海渡雄一・清水勉・田島泰彦編『秘密保護法――何が問題か』（岩波書店、2014年）28-44頁、同「情報社会の近未来を診る――情報統制に向かう日本と秘密保護法」村井敏邦・田島泰彦編『特定秘密保護法とその先にあるもの』（『別冊法学セミナー』２０１４年）１６２‐１７５頁などで論じた。

（2）拙稿「沖縄密約裁判後に進む情報の統制とコントロール」沖縄密約情報公開訴訟原告団編『沖縄密約をあばく』（日本評論社、２０１６年）１３９‐１４８頁で全体の動向をスケッチした。

（3）共通番号制については、さしあたり拙稿「共通番号制度（マイナンバー）を考える」（5‐16頁）も含む田島泰彦・石村耕治・白石孝・水永誠二編『共通番号制のカラクリ』（現代人文社、２０１２年）参照。

（4）拙稿「統制と監視に向かう日本と共謀罪」（20‐33頁）も含む田島泰彦編『物言えぬ恐怖の時代がやってくる——共謀罪とメディア』（花伝社、２０１７年）を参照されたい。

（5）拙稿「情報統制に向かう日本　進む放送介入」『法と民主主義』５０６号（２０１６年）10‐14頁参照。

（6）田島泰彦・監視社会を拒否する会「情報統制と監視に向かう日本」海渡雄一編『止めよう！市民監視 五本の矢』（樹花舎、２０１６年）１０２‐１１２頁で動向を簡単に記した。

（7）拙稿「自民党改憲草案は市民の自由と権利をどう変質させるか——表現規制を中心に」『法と民主主義』４７９号（２０１３年）25‐29頁を参照。

（8）拙稿「秘密保全法を考える」（2‐20頁）も含む田島泰彦・清水勉編『秘密保全法批判——脅かされる知る権利』（日本評論社、２０１３年）での検討を参照されたい。

（9）前掲注8の拙稿に加えて、同「序論　1　秘密保護法制再編の中の特定秘密保護法」青井未帆・斉藤豊治・清水勉・田島泰彦・晴山一穂・三宅弘・村井敏『逐条解説　特定秘密保護法』（日本評論社、２０１５年）2‐10頁も参照。

（10）注1の前掲『秘密保護法——何が問題か』および『特定秘密保護法とその先にあるもの』、注9の前掲『逐条解説　特定秘密保護法』など参照のこと。

(11) 内閣官房特定秘密保護法施行準備室「特定秘密の保護に関する法律【逐条解説】」(2013年)123頁。(以後、内閣官房・「逐条解説」と略記)
(12) 海渡雄一『秘密保護法対策マニュアル』(岩波書店、2015年)17-18頁。
(13) 第185回国会衆議院国家安全保障に関する特別委員会会議録14号、平成25年11月15日。(以後、会議の日付は平成25・11・15などと略記)
(14) 前掲会議録。
(15) 第185回国会衆議院本会議会議録8号、平成25・11・7。
(16) 海渡・前掲『秘密保護法対策マニュアル』17頁。
(17) 自由法曹団秘密保護法プロジェクト編『これが秘密保護法だ――全条文徹底批判』(合同出版、2014年)102頁。
(18) 国家秘密法修正案13条については、斉藤豊治『国家秘密法制の研究』(日本評論社、1987年)216頁以下が詳細な批判的検討を加えている。
(19) 拙稿「個人情報保護法とは何か」田島泰彦・三宅弘編『解説&批判 個人情報保護法』(明石書店、2003年)23頁以下など参照。
(20) 内閣官房・前掲「逐条解説」122頁。
(21) 内閣官房・前掲「逐条解説」122-123頁。
(22) 第185回国会衆議院国家安全保障に関する特別委員会会議録9号、平成25・11・8。
(23) 第185回国会衆議院国家安全保障に関する特別委員会会議録9号、平成25・11・8。
(24) 第185回国会衆議院国家安全保障に関する特別委員会会議録3号、平成25・10・30。
(25) 第185回国会衆議院国家安全保障に関する特別委員会会議録6号、平成25・11・5。

(26) 第185回国会衆議院国家安全保障に関する特別委員会会議録3号、平成25・10・30。
(27) 第185回国会衆議院国家安全保障に関する特別委員会会議録9号、平成25・11・8。
(28) 第185回国会衆議院国家安全保障に関する特別委員会会議録13号、平成25・11・14。
(29) 第185回国会国家安全保障に関する特別委員会会議録14号、平成25・11・15。
(30) 第185回国会衆議院国家安全保障に関する特別委員会会議録6号、平成25・11・5。
(31) 内閣官房・前掲「逐条解説」123頁。
(32) 第185回国会衆議院国家安全保障に関する特別委員会会議録9号、平成25・11・8。
(33) 第185回国会衆議院国家安全保障に関する特別委員会会議録10号、平成25・11・11。
(34) 第185回国会衆議院国家安全保障に関する特別委員会会議録11号、平成25・11・12。
(35) 海渡・前掲『秘密保護法対策マニュアル』21頁参照。
(36) 第185回国会衆議院国家安全保障に関する特別委員会会議録11号、平成25・12・2。
(37) 自由法曹団・前掲『これが秘密保護法だ』105頁。
(38) 第185回国会衆議院国家安全保障に関する特別委員会会議録10号、平成25・11・11。
(39) 第185回国会衆議院国家安全保障に関する特別委員会会議録9号、平成25・11・8。
(40) 第185回国会衆議院国家安全保障に関する特別委員会会議録9号、平成25・11・28、同10号、平成25・11・29。
(41) 内閣府のホームページを参照。
(42) Principles on National Security and the Right to Information, 2013. なお、日本弁護士連合会により日本語訳が2013年に公にされている（日弁連のホームページ参照）。

第Ⅱ部

表現の自由の現代的動向と諸相

第2章　反論権をめぐる国際的動向と日本の課題

韓永學

はじめに

今日、マス・メディアの巨大化・集中化・独占化による情報の偏重を回避すべく、市民がマス・メディアに対して自己の意見発表の場の提供を要求する権利であるアクセス権（right of access to mass media）の保障は憲法的・社会的要請である。マス・メディアと市民の力関係に鑑みれば、アクセス権が最も求められるのは報道被害救済の場面であろう。しかし、日本では報道被害者が当該マス・メディアにアクセスして対等な立場で応酬できる、反論権（right of reply）のような仕組みが備わっていない。フランスの反論権制度を淵源とする旧新聞紙法上の正誤・弁駁権制度が廃止されて以降、反論権法は存在しないのである。反論権が自由かつ多様な思想・情報の流通に資し、報道被害を救済する有効な手段であるにもかかわらず、他の主要国に比して国内の反論権に対する理解は依然として深まっていない。

では、反論権をめぐる世界の動向と主要国のスタンスはどうなっているのか。反論権は日本国憲法上認められるのか。そうであるとすれば、反論権をどのように実現するのか。本稿では、このような問題関心から、反論権の基本構造を概観した上で、反論権をめぐる国際的動向を踏まえつつ、日本における反論権の憲法上の根拠と実現方式を検討する。

1　反論権の基本構造

反論権の概念と沿革

反論権は、マス・メディアの報道により批判・攻撃を受けた者（報道被害者）が当該マス・メディアに対し、反論・反駁の掲載・放送を要求することのできる権利である。反論権は不法行為の成立を前提とする狭義の反論権と、不法行為の成否と関係なく認められる広義の反論権に分類されるが、通常反論権と称されるのは後者である（本稿では後者としての意味として用いる）。反論権は、反論報道の内容・性質上反駁型に加え、訂正型もある。訂正型反論権は、不法行為の成立を前提とするいわゆる訂正権と異なり、不法行為の成否と関係なく虚偽報道に対して認められ得る狭義の訂正権で、後述するフランスにおける反論権制度と区分される訂正権制度（公職者向け）、ドイツにおける初期段階の反論権制度、日本における戦前の弁駁権制度と区分された正誤権制度[1]、韓国における反論権制度と区分される訂正権制度等に現れている。

諸国の反論権制度によれば、報道被害者は自身の名誉や利益を防禦すべく、当該マス・メディアに反論報道を請求することができ、また、拒否された場合には、裁判所に反論報道請求の訴えを提起することができ、反論報道の拒否事由に該当しない限り請求が認められる。反論報道は、一般的に原報道と同一スペースにおいて同一分量かつ無料でなされる。

反論権は、19世紀仏独を皮切りに導入され、今日、欧州大陸を中心に編集者の言論・プレスの自由と両立するものとして、反論権者の言論の自由・人格的利益を尊重するものとして支持されている[2]。現在、世界30か国以上が反論権制度を保有している。各国の反論権制度は、事実報道に限って反論権が適用されるドイツ型と、事実報道に限らず、論評、批判等意見ないし価値判断まで反論権が適用されるフランス型に大別できる。

反論権の成立基盤と法的性格

(1) 反論権の成立基盤と憲法上の根拠

反論権は、アクセス権の下位概念として捉えられる傾向がある[3]。しかし、反論権は仏独において既に近代市民革命以後乱立したプレスによる個人の人格権侵害を防ぐ必要性から生成されており、アクセス権は現代に入りマス・メディアによる情報独占による「思想の自由市場」

(free marketplace of ideas) の機能不全という表現の自由をめぐる問題状況の下、受け手の権利の観点から提唱された。[4] ただ、反論権は、第一には人格権の保護を目的とするが、副次的に表現の受け手たる公衆の利益の促進を目的としているといえることから、[5] アクセス権とその成立基盤を共有する面がある。すなわち、反論権は、情報流通プロセスにおける送り手（マス・メディア）と受け手（市民）の力関係や地位固定化により疎外された受け手の表現の自由の実質的保障、究極的には思想の自由市場の正常化（自由かつ多様な思想・情報の流通の確保）というアクセス権の理念を具現化したものといえよう。

このような考え方は、反論権の憲法上の根拠からも確認することができる。後で詳述するように、今日、反論権制度を有する国は反論権の憲法上の根拠を殆ど人格権や表現の自由に求める。特に、表現の自由から反論権の導出は、古典的表現の自由の観念ではなく、マス・メディア、市民、国家という三極構造におけるマス・メディアと市民との関係をより具体的に、より法的に構成しようとする現代的表現の自由の積極的側面に基づく。[6] 知る権利やアクセス権も同様の論理から根拠付けられる。いずれにしても、現代的表現の自由の考え方の下、表現の自由の実質的公平や自由かつ多様な思想・情報の流通を確保すべく、報道被害者のマス・メディアに対する権利として反論権の保障は正当化されるのである。

一方、インターネットの普及に伴い、アクセス権や反論権につき、比較的懐疑的な見方も見られる。インターネットのインタラクティブ性ゆえに、一般市民も容易に情報発信者となり、自由かつ多様な思想・情報の流通が期待できるからである。しかしながら、今のところマス・メディアと一般市民の間の不公平な競争（思想の伝達力の不平等）が根本的に解消しておらず、インターネット上でも必ずしも対抗言論（more speech）が作動しているわけではない[7]。従って、単にインターネットの普及を理由にアクセス権や反論権保障の必要性を否定するのはやや短絡的であろう。

(2) 反論権の法的性格

反論権は、報道被害者の主観的権利と、公衆の利益（public interest）としての客観的権利の二重的性格を有する。

まず、反論権は、個人の人格権という保護法益[8]を自己防衛（self-defense）する、具体的には報道被害者が被害救済のため当該マス・メディアにアクセスし、対等な立場で言論の応酬ができる主観的権利である。反論権は、名誉毀損的表現に対する最も有効かつ的確な救済手段として評価される[9]。すなわち、反論権は、他の法的救済手段に比して、報道被害者が自己の救済を主導する（反論報道の主体）こと、不法行為の成否を問わず形式的要件さえ充足すれば行使できる（反論報道の拒否事由に該当する場合は除外）こと、裁判外紛争解決手続（ＡＤＲ）により迅速・簡易・無料で紛争解決が可能であること、他の救済手段（刑罰・損害賠償等）の請求を妨げないこと等から、報道被害者本位の救済手段である。他方、反論権は、反論報道が原報道に対する否定ではなく反論に過ぎず、反論には再反論ができること、裁判によらず当事者間の交渉により実現され得ること等から、マス・メディアにとっても比較的萎縮効果（chilling effect）が少ない手段である。[10] ただ、反論権は、必ずしも全ての報道被害に有用な手段ではなく（特に、プライバシー侵害の救済手段としては不適切）、行使の要件次第では濫用の恐れもある。

次に、反論権は、報道被害者の人格権の保護・救済の次元に止まらず、コミュニケーション過程における公衆の利益としての客観的権利の側面を持つ。反論権は、公衆の多様な情報源から情報を受領する利益を保護し、情報へのアクセスを最大限保障するという目的[11]や効果も有する。すなわち、反論権は、マス・メディアと市民の間の表現の自由の実質的公平を図りつつ、自由かつ多様な思想・情報の流通を確保し、真実発見と正しい世論形成に資する。特に、反論報道の話題が公共情報である場合には、公衆の知る権利がより充足されることになる。[12] また、反論報道義務はマス・メディアに真実かつ公正な報道を促す。このように、反論権は思想の自由市場を活性化し、健全な民主主義の発展に寄与するものといえよう。

2　反論権をめぐる国際的動向

反論権をめぐる世界の動向を俯瞰すると、フランス法、ドイツ法、スペイン法を基礎とする大陸法国の多く（欧州と中南米の多数の国、アフリカやアジアの一部の国）は反論権を法制化している反面、英米法国は反論権を認めない傾向がある。[13] すなわち、名誉毀損的表現への対応手段として多数の大陸法国では反論権が認められているが、英米法国では反論権が認められておらず、厳格な損害賠償による対応が一般的である。このような反論権をめぐる二分的状況は、主に表現の自由をめぐる原理論的理解の相違に起因する。しかし、英米法国で反論権制度擁護論も散見されることに留意すべきである。では、反論権をめぐる国際的取組みを概観しつつ、主要な大陸法国と英米法国の動向を検討する。

反論権をめぐる国際的取組み

国連は反論権の国際的適用に向け、国連総会が1952年、虚偽・歪曲報道に対する訂正権を国際的に認める「国際訂正権協約」(Convention on the International Right of Correction)を採択し、[14] ユネスコ「マクブライド委員会」が1980年、国レベルの反論権・訂正権制度の国際レベルへの拡大を訴えたものの、[15] 実効性に乏しい。前者は反論権そのものではないものの、訂正権を締約国間で認める取組みとして1962年に施行されたが、当時本協約を批准したのは17か国に止まっており、[16] 実質的な広がりは観察されない。後者は前者の非有効性を指摘しつつ、反論権・訂正権の国際規範化を主張したが、今日まで実現に至っていない。

地域レベルでは欧州と米州の反論権に関する取組みが注目に値する。まず、欧州では欧州評議会閣僚委員会が1974年、欧州人権条約10条(表現の自由)から反論権を導出し、加盟国に反論権の法制化を勧告する「反論権に関する決議」を採択したこと[17]を皮切りに、欧州評議会が１９８９年、「国境を超えるテレビ放送に関する欧州協約」を締結し、加盟国に放送における反論権の確立を義務付けており（８条）[18]、ＥＣ閣僚理事会も同年、「国境のないテレビ放送に関する指令」を採択し、同様の規定を盛り込んだ（23条）[19]。また、欧州人権裁判所も欧州人権条約10条により根拠付けられる反論権を締約国が積極的に保障する義務があることを確認した[20]。

一方、インターネットの普及に伴い、欧州評議会は２００４年、上記の「反論権に関する決議」を改め、反論権の適用媒体を拡充しつつ（伝統的メディア（プレス、放送）に加え、新たにオンラインメディア（ウェブ上のニュースサービス）追加）、適用情報（人権を害する事実に関する不正確な情報）、保障方式（法的規制、共同規制、自主規制）を提示する「ニューメディア環境における反論権に関する勧告」を採択した[21]。続いて、欧州議会及び評議会は２００６年、２００４年勧告を具体化した「視聴覚及び情報サービス産業の競争に係る青少年・人間の尊厳・反論権の保護に関する勧告」を採択し、加盟国にオンラインメディアにおいても反論権制度の整備を促し[22]、２００７年には上記の「国境のないテレビ放送に関する指令」を「視聴覚メディアサービス指令」に改正し、反論権に関する２００６年勧告の趣旨を確認・強調した（２０１０年改正「指令」[23]に継承[24]）。以上のような共同体レベルの活発な働き掛けの下、多くの域内国は制定法や自主規制により各種メディアにおける反論権を制度化している。

次に、米州では、米州人権条約が反論権を明文規定していることが特徴的である。すなわち、同条約14条は、報道被害者は何人も反論権・訂正権を有すること（1項)、反論・訂正は他の法的責任を免除しないこと（2項)、マス・メディア各社に名誉・信用保護の責任者を置くことを定めている（3項)。現在、中南米の多くの国は同条約を批准しており、反論権を法制化している。ただ、北米のアメリカとカナダは同条約を批准せず、反論権を認めていない。

反論権制度の進化を図る大陸法国

⑴フランス

フランスは世界で初めて反論権を法制化した。すなわち、フランスは1789年大革命を契機にプレスの乱立とプレスのよる人権侵害が多発したことを受け、1822年出版法によりプレスにおける反論権を導入した（11条)。その後、同条は1881年出版法13条により体系化されるとともに、新たに公職者向けの訂正権制度が確立され（12条)、その後数次の改正を経て今日に至っている。まず、プレス反論権制度によると、発行人は、新聞・定期刊行物の事実に関する報道や論評、批判等により名指し・指示された者の反論文（原報道後1年以内、原記事と原則同一分量）を受領後3日以内に同一場所に無料掲載義務を負い（違反した場合、罰金3750ユーロ)、反論掲載を拒否された者は提訴（民事・刑事）できる[25]。次に、プレス訂正権制度よると、発行人は、新聞・定期刊行物により公務上の行為に関して不正確に報道された公権力の受託者の訂正文（原記事の2倍以内の分量）を次号の冒頭に無料掲載義務を負う（違反した場合、罰金3750ユーロ）。

一方、視聴覚メディアの発展に伴い、放送における反論権が1972年放送法に導入され（6条）、その後数次の改正を経て今日に至っている。現行放送法及び最新デクレ（décret）に基づく放送反論権制度によると、放送により名誉・名声を侵害する批判を受けた者は原放送後8日以内に反論放送を請求することができ、請求を受けた放送事業者は30日以内に原放送と同一条件により無料放送義務を負い、反論放送を拒否された者は提訴できる。加えて、放送利用権という制度があり、政府、政党、労働団体及び教団等の社会的諸集団は放送における一定の放送時間を享有し得る[26]。

続いてオンラインメディアの活性化を受け、インターネットにおける反論権がデジタル経済信頼法により導入された（6条4項）。インターネット反論権制度によると、公衆がアクセスできるウェブサイト（フォーラム、チャットルームのような直接反論可能なサイトは除外）において名指し・指示された者は、原情報掲載後1年以内に反論掲載を請求することができ（ウェブマスターにより原情報の修正・削除がなされれば、反論請求を放棄できる）、請求を受けたウェブマスターは原情報と同一条件により無料掲載義務を負う（違反した場合、罰金3750ユーロ[27]）。

以上、フランスにおいてはニューメディアの展開に応じてプレスから放送、インターネットへと反論権が拡大適用されており、権利主体が限定されるものの、プレスにおける訂正権や放送における放送利用権も認められていることから、顕著なアクセス権の視点が窺える。特に、反論権は、事実に関する報道・情報か、意見・価値判断かを問わず、名指し・指示されただけで行使でき（視聴覚メディアは行使要件が厳格）、反論報道の不当な拒否に対しては強力な制裁が科される、一般的・絶対的権利である。これは、反論権の適用範囲につき、人権を害する事実に関する不正確な情報に限定する欧州連合のスタンスと対照的である。ただ、判例上、法令、良俗、第三者の正当な利益に反する反論は拒否される等[28]、形式的要件だけで無分別に反論権が認められるわけではなく、権利行使の濫用は排斥されている。このようなフランスの反論権制度はイタリア、ベルギー、ルクセンブルク等の反論権法のモデルとなっている。一方、フランスにおける反論権法の保護法益は人格権、とりわけ名誉・名声であるという見解は多い[29]ものの、同法の長い歴史の割には反論権の根拠をはじめ憲法との関係に関する議論は十分とはいえない。

(2) ドイツ

ドイツにおける反論権は、言論・出版の自由の主張の高まりの中、フランスの出版法をモデルとして制定された1831年バーデン州出版法により最初に導入され（10条）、連邦レベルでは1874年帝国出版法により本格的に法制化された（11条）。しかし、1831年バーデン州出版法10条が規定したのは強制的訂正制度で、厳密には反論権制度とは異なる。1874年帝国出版法11条に基づく訂正権（狭義の訂正権）制度は、第二次世界大戦後基本法の下、プレスと放送を規律する各州出版法・放送法・メディア法へ移行しつつ、反論権（反駁権）制度に改められた[30]。

近年、新たにインターネットにおける反論権制度がメディアサービス州間協定により導入され（10条）、現在、放送・テレメディア州間協定に継承されている（56条）[31]。各州及び媒体間の反論権制度は細部における相違はあるものの、共通的に権利主体を原報道と個別的関連性を有する者、適用対象を事実主張に限定しつつ、反論報道の拒否事由に該当しない限り[32]、マス・メディアに同一スペース・同一分量・無料反論報道を義務付けており、反論報道を拒否された者に反論強制命令を求める提訴権を付与している（民訴法上の仮処分手続）。

反論権は憲法上の権利として位置付けられており、いわゆる「武器の対等」（waffengleichheit）の原則に立脚したマス・メディアに対する個人の対等な対抗手段として評価されている。反論権の憲法上の根拠につき、学説は一般的人格権（基本法1条1項、2条1項）に求めるのが一般的であり[33]、表現の自由（同5条）に求める見解もある[34]。連邦憲法裁判所は反論権を一般的人格権の一種（自己に関する人格の描写につき自らその公表の範囲と内容を決定できる権利）として捉え、その合憲性を確認したことに続き[35]、マス・メディアと個人の間に生じる力の格差を調整するために、立法者には個人をマス・メディアの侵害から有効に保護する義務があるとし、ハンブルク州出版法上の反論権規定に関する違憲審査請求を棄却した[36]。

他方、反論権は、プレスの自由の制度的理解に基づくマス・メディアの「公的責任」論からも正当化され得る。

以上、ドイツにおける反論権は、「武器の対等」の原則を基調としており、適用対象を事実主張に限定しつつ（意見・価値判断は除外）、プレスから放送、インターネットへと拡大適用されている。ドイツの反論権制度は欧州連合の反論権に関するスタンスに合致しており、実際、オーストリア、スイス、デンマーク、韓国等多くの国の反論権法のモデルとなっている。このようなドイツ型反論権制度は、フランス型反論権制度に比して、人格権とプレスの自由を適切に調和させたものであると評価できよう。一方、反論権の違憲性論争は、憲法から反論権を導出する多数の学説の展開に加え、連邦憲法裁判所が反論権の憲法上の根拠を示しつつ、反論権がプレスの自由を不当に制約するものではないと判断したことにより、払拭されたといえる。

(3) 韓国

韓国における反論権制度は、日本法の影響を受けた1907年光武新聞紙法上の正誤・弁駁権制度（20条）が始まりであるが、本格的には軍事政権期に、ドイツバーデン・ヴュルテンベルク州出版法をモデルとして1980年言論基本法により導入された（49条）。同法に基づく反論権制度は、ドイツ型を基本としつつも、固有のADR機関、言論仲裁委員会による反論報道をめぐる紛争解決を保障していた（50条）。その後、反論権制度は、1987年定刊物法と放送法を経て2005年より報道被害救済法により規定されており、インターネットにおける反論権の追加・拡充、言論仲裁委員会の権限拡大等が図られている。一方、関連制度として、選挙報道に対する反論報道請求制度（公職選挙法8条の4）、インターネットにおける名誉毀損等権利侵害者の反駁掲載要請制度（情報通信網法44条の2）等もある。

現行報道被害救済法によると、「言論」（プレス、放送、インターネット新聞）やその他インターネット媒体（インターネット・ニュース・サービス、IPTV）による事実主張の報道被害者は反論報道（16条）[37]、不真実な事実主張の報道被害者は訂正報道（14条）[38]、犯罪嫌疑等の報道被害者は追後報道（17条）を当該言論社等に請求することができ（原報道後3か月以内）、請求を受けた当該言論社等は反論報道等の拒否事由[39]に該当しない限り、受領後7日以内に同一スペース・同一分量・無料反論報道の義務を負う（15条）。また、反論報道等をめぐる紛争がある場合、言論仲裁委員会による解決（調停・仲裁）の道が開かれており（18条〜25条）、裁判所に反論報道等請求訴訟（反論報道・追後報道は民事執行法上の仮処分手続、訂正報道は民訴法上の仮処分手続）を提起することもできる（26条）。

1980、90年代、反論権制度の違憲性が時々提起されたが、憲法裁判所は憲法10条（人間の尊厳と価値）、同17条（私生活の秘密と自由）、同21条1項（表現の自由の一般規定）、同21条4項（言論・出版の自由の限界）を総合した場合、報道被害者に人間の尊厳と価値及び私生活の秘密と自由権を保護するため迅速かつ適切な防禦手段が付与されるべきであることから、定刊物法上の反論権は「憲法上保障された人格権に基づくもので、……憲法の上記各条項を根拠」としており、言論の自由の本質的内容や言論機関の裁判請求権を不当に侵害しないため、憲法に違反しないと確認している。[40] 学説も反論権を認める見解が大半で、その根拠に関しては憲法10条、同21条、同17条、同11条（平等権）等に基づく多様な説明が存在する。[41]

以上、韓国における反論権制度は、ドイツ法を継受しつつも、ADR機関（言論仲裁委員会）を設け、当事者間の交渉による反論報道をめぐる紛争解決の機会を保障する、独特の仕組みになっている。反論権制度の導入には、事実上言論弾圧法であった言論基本法の性格に照らせば、不純な動機も考えられなくもない。しかし、反論権は民主化（1987年）以降、根拠法の再定立により漸次権利の細分化、適用媒体の拡大、言論仲裁委員会の機能強化等が図られ、報道被害救済手段の中核として定着するようになった。しかしながら、反論報道請求に比べ訂正報道請求の増加傾向や、反論報道請求者全体に占める公人の比率の高さから、プレスの自由への萎縮が懸念される面もある。[42] 訂正報道請求の要件や反論権の行使主体の再考が求められる。

反論権制度の受容と排除が交差する英米法国

(1) 英国

英国では、欧州大陸諸国と異なり、一般的な反論権は法制化されていない。しかし、プレスにおいては自主規制、放送においては法令・ガイドラインにより反論制度が設けられている。

まず、プレスの場合、プレス苦情委員会（PCC）を発展的に継承した独立プレス基準機関（IPSO）[43] はPCCと同様、倫理綱領の「正確性」項目において、プレス（オンラインプレスを含む）の重大な不正確な報道に対し合理的な理由のある場合、被害者に公正な反論の機会を付与することを規定している。ＩＰＳＯは苦情処理に当たり、反論報道等の調停を図り、さらに調停不調のときは倫理綱領違反の有無を審理し、倫理綱領違反の際は裁定により当該プレスに反論報道等を要求することができる。また、放送の場合、通信法上の公正コード（fairness code）の遵守義務（３２６条）の下、情報通信庁（Ofcom）の放送コードの「公正性」項目において、放送番組により非違行為等が主張された者に適切・迅速な応答（respond）の機会を保障しており（7.11）、ＢＢＣの編成ガイドラインの「公正性」項目において、ＢＢＣの放送番組により非違行為等が主張されたり批判を受けた者に反論権を付与している（6.4.25-27）。

一方、１９８０年代以降、煽情的で無責任な報道に対するプレス自主規制機関（ＰＣＣやその前身のプレス評議会（ＰＣ））の規制の無力さを理由に、反論権の法制化が幾度も試みられてきたのも事実である。労働党は１９８０年代複数の議員が相次いで反論権法案を提案し[44]、１９９２年にClive Soley議員（労働党）も反論権を盛り込んだ「プレスの自由及び責任法案[45]」を提案したが、プレス業界等の反発を受け、法制化を断念した経緯がある。その後、２００５年にPeter Bradley議員（労働党）が超党派的協力を得て、プレスにおける事実に関する不正確な報道に反論権を保障しつつ、ＡＤＲ機関、プレス基準委員会による反論報道をめぐる紛争解決の仕組みを盛り込んだ「反論権及びプレス基準法案」を提案したが、成立には至らなかった。

以上、英国における一般的な反論権法の未整備の状況は、欧州人権条約10条に基づき締約国に反論権を保障する積極的な義務があることを確認した、上記欧州人権裁判所の判決の趣旨に反する面がある。ところが、自主規制（プレス）や制定法（放送）上一定の反論制度の存在は、反論権に関する多様な保障方式を提示した、欧州評議会の２００４年勧告の趣旨にほぼ沿うものといえよう。

⑵米国

米国ではかつてプレスの場合、フランスの植民地だった一部の州において反論権法が存在し、放送の場合も、連邦通信委員会（ＦＣＣ）の「公平原則」（fairness doctrine）とその派生原則である「人身攻撃原則」（personal attack rule）と「政治的論説原則」（political editorial rule）がアクセス権・反論権の一種として機能していた。しかし、前者は古典的表現の自由観の下、フロリダ州反論権法に対する連邦最高裁の違憲判決（１９７５年）[46]を前後として次々と廃止された。また、後者はプレスとの差別的扱い（部分的規制）に基づき連邦最高裁により合憲性が認められた（１９６９年）ものの、その後、規制緩和の流れの中、「公平原則」の撤廃（１９８７年）[47]に続き、２つの派生原則も撤廃を余儀なくされた（２０００年）[48]。現在、アクセス権・反論権関連要素は、連邦通信法３１５条に基づく「平等時間の原則」（equal-time rule）や、ＣＡＴＶにおけるパブリック・アクセス・チャンネル（ＰＥＧチャンネル）制度に見られるのみである。

しかし、反論権法制の撤廃が進む中、学界にはアクセスの思想を信奉したり、反論権を積極的に評価する見解が散見されるのも事実である。1960年代後半にアクセス権を提唱したJerome A. Barronは、今日もなおインターネットにおける私的検閲の圧力、マス・メディアと一般市民の間の思想の伝達力の不平等を挙げ、憲法修正1条（表現の自由）の下アクセス権や反論権の保障を主張し続けている[49]。また、1980、90年代を中心に、名誉毀損の救済手段として反論権等の活用が次々と提案された。例えば、Charles Danzigerは伝統的なコモン・ローによる損害賠償請求に代わる反論権を認める選択的反論権法（Optional Right of Reply Statute）[50]、Rodney A. Smollaらは損害賠償請求の前に反論の機会を与える名誉毀損法改正案（Libel Reform Proposal）[51]、統一州法委員全国会議（National Conference of Commissioners on Uniform State Laws）は迅速な訂正・解明と損賠賠償の軽減（経済的損害のみ）を骨格とする名誉毀損の訂正・解明に関する統一法（The Uniform Correction or Clarification of Defamation Act）[52]をそれぞれ提案した。ところが、いずれの提案も実現には至っていない。

(3) ニュージーランド

ニュージーランドは英米法国としては珍しく、制定法・自主規制の両面において反論制度を有してきた。まず、名誉毀損法は名誉を毀損されたと主張する者に反論権を保障しており（25条）、放送法は放送基準委員会（Broadcasting Standards Authority）が放送番組に対する苦情申立人に反論の機会の付与を内包している（13条1項）。また、プレス評議会（Press

Council）は原則宣言の「訂正」項目において、プレス（オンラインプレスを含む）よる報道被害者に一定条件下で反論の機会を提供することが適切であると謳っている。プレス評議会は苦情処理に当たり、裁定により当該プレスに反論報道等を命ずることができる。

最近、インターネット上の有害情報を規律する有害デジタル通信法が制定され[53]（２０１５年）、被害者は裁判所の命令に基づき被告やオンラインコンテンツ・ホストに反論権を行使できるようになった（19条1・2項）。名誉毀損法25条による反論権制度が満足度も実効性も低いと評価されている中[54]、権利行使要件は異なるが、オンラインコンテンツに対する反論権制度の定着が期待されている。

3　日本における反論権論の課題

反論権論の現状

戦後日本では、正誤・弁駁権制度（17・18条）等を規定していた旧新聞紙法の廃止に伴い、反論権に関する成文法規を有していない。このような状況の下、判例は元より学説は反論権に関する否定説が優勢であり、肯定説は少数説に止まっており、英米法国に比べても具体的な反論権法の議論に乏しい。一方、狭義の反論権に関しては容認する見解が主流になっていると見受けられる。

以下、反論権に関する判例・学説の現状を整理・概観する。

⑴判例

反論権に関する裁判例は稀で、①憲法21条（表現の自由）や②条理・人格権を根拠とする反論権の成否が問われたサンケイ新聞意見広告事件がリーディング・ケースである。本件最高裁判決は、①につき、「憲法二一条等のいわゆる自由権的基本権の保障規定は、国又は地方公共団体の統治行動に対して基本的な個人の自由と平等を保障することを目的としたものであって、私人相互の関係については、……適用ないし類推適用されるものでない……私人間において、当事者の一方が情報の収集、管理、処理につき強い影響力をもつ日刊新聞紙を全国的に発行・発売する者である場合でも、憲法二一条の規定から直接に、所論のような反論文掲載の請求権が他方の当事者に生ずるものでない」、②につき、「所論のような反論文掲載請求権は、これを認める法の明文の規定は存在しない。……名誉回復処分又は差止の請求権も、……人格権としての名誉の毀損による不法行為の成立を前提としてはじめて認められるものであって、この前提なくして条理又は人格権に基づき所論のような反論文掲載請求権を認めることは到底できない……。〔反論権〕制度が認められるときは、新聞を発行・販売する者にとっては、原記事が正しく、反論文は誤りであると確信している場合でも、あるいは反論文の内容がその編集方針によれば掲載すべきでないものであっても、その掲載を強制されることになり、また、そのために本来ならば他に利用できたはずの紙面を割かなければならなくなる等の負担を強いられるのであって、これらの負担が、批判的記事、ことに公的事項に関する批判的記事の掲載をちゅうちょさせ、憲法の保障する表現の自由を間接的に侵す危険につながるおそれも多分に存するのである。このように、反論権の制度は、民主主義社会において極めて重要な意味をもつ新聞等の表現の自由……に対し重大な影響を及ぼすものであって、……不法行為が成立する場合にその者の保護を図ることは別論として、反論権の制度について具体的な成文法がないのに、反論権を認めるに等しい上告人主張のような反論文掲載請求権をたやすく認めることはできない」と判示した(55)。すなわち、最高裁は表現の自由や条理・人格権を根拠とした反論権の導出を否定したのである。

一方、最高裁は上記判決において、「本件広告は、政党間の批判・論評として、……公共の利害に関する事実にかかり、その目的が専ら公益を図るものである場合に当たり、……主要な点において真実であることの証明があったものとみて差し支えがないというべきであって、……上告人の名誉が毀損され不法行為が成立するものとすることはできない(56)」として名誉毀損の成立を否認しつつも、狭義の反論権の許否を明らかにしなかった。しかし、その後、最高裁は『諸君!』反論権訴訟事件判決で、「民法七二三条は、名誉侵害の不法行為については、……通常は、謝罪広告又は謝罪文の交付であるが、これに代えて又はこれと共に、反論文を掲載することが有効、適切である場合には、反論文掲載請求が許容されることもありうる」とした第1審判決を事実上是認した(57)(58)。

(2) 学説

①否定説

反論権に関する学説は判例と同様、否定的・懐疑的見解を示す否定説が多数を占めている。主要な否定論者の主張は、次の通りである。

幾代通は、「反論権を法認することは、公共的問題についての民主的で自由な討議を萎縮させ、国家権力による言論統制に連なる」、「反論権は、種々の政治的・社会的な立場の人々それぞれにとって両刃の剣として機能するのであろう」、「新聞と市民との間の媒体支配力における不平等を過度に強調し、機械的にバランスを取ろうとして反論権のごときものを法認することは、……自由な民主社会にとってかけがえのない、はるかに大事なものを失う」といった反論権に対する批判を挙げ、反論権の法認の不当性を訴える。(59)

樋口陽一は、「自由」の本質を「妨害排除」と捉え、言論の自由から導出できるのは消極的な妨害排除までであって、積極的な作為を求める権利である反論権については、「言論の自由というときの「自由」の観念そのものを転換し、言論市場への参入の積極的保障という意味内容をそれにあたえることなしには、憲法上の自由の貫徹として定式化することは不可能」であるという考え方を提示する。(60)

芦部信喜は、サンケイ新聞意見広告事件最高裁判決のいう「具体的な成文法」が仮に制定されても、「報道機関の編集の自由との関係において許される限度であって、かつ、批判的記事ないし報道を差し控える萎縮的効果を表現の自由に及ぼさないような内容のものとなりうるかどうか、そこに最大の問題がある」と懸念を示した上で、「日本国憲法の下では、……フランス・ドイツ型の反論権に関する実定法は存在しない。その点については、アメリカ型に準じ、マス・メディアの私企業性を基本において考えるのが妥当」であると主張する。(61)

阪本昌成は、「アクセス権立法の目的とするところが、多様な思想・情報の流通の確保にあるとされながら、萎縮効果の可能性を生ぜしめているということは、立法目的と本来的に矛盾する」として反論権立法の違憲性を示唆する。(62)

佐藤幸治は、アクセス権につき、「法的権利として確立することは、かえってマス・メディアをして政治的・経済的〝弱者〟に対してますます弱い存在たらしめ、その提供する思想・情報を非個性的・画一的ならしめることにならないか」と危惧しつつ、反論権につき、「歴史的に言論抑圧法として登場し機能したことのあることを銘記する必要がある」と警戒する。(63)

②肯定説

少数ではあるが、反論権の法認を支持したり、その価値に理解を示す見解も存在する。主要な肯定論者の主張（筆者の見解は次項参照）は、次の通りである。

奥平康弘は、言論の自由の観点から名誉毀損の救済方法としての狭義の反論権の優位性を強調する一方、「法理論上、反論権はもっぱら名誉毀損の場合にのみ限定されねばならない理由を見出すことができない。むしろ逆に、新聞媒体が巨大な独占企業であり、かつ、記事や報道が……読者に決定的な影響力・支配力をもつことを前提としていえば、反論権を比較的に広く認めることが肯定されるべきであろう。新聞媒体は、ひとの名誉をきずつけない範囲内では、どんな記事、どんな報道をしても、無答責であっていいというのは、社会正義に反する」と主張する。[64]

右崎正博は、憲法21条の表現の自由につき、自由権的保障のみならず、請求権的保障まで含むことから、「言論と情報の多様性を維持し、情報の自由な流れを確保するために国家に対し「積極的責務」を課している」との考え方を示し、「言論の多様性を維持し、情報の自由な流れを確保するために、一定の場合に「反論」を権利として認める立法を制度化することが、憲法二一条の趣旨と矛盾すると考える必要はない」という。[65]

田島泰彦は、反論権が「①損害賠償などの司法的救済と異なり、……より迅速・容易に依拠できる権利救済とアクセスの手段であること、②言論の自由は……すべての人が享受すべき権利であるという基本的見地、③……情報の受け手として固定化され疎外されている市民を送り手に転化し、その地位の回復を図るという役割、④……言論による応酬をとおして言論市場の豊富化をもたらしうる」という性格から、「反論権の承認を前向きに探究していくべき」であると主張する。[66]

市川正人は、「「マス・メディアの表現の自由」論からは、わが国においても、マス・メディアに大きな萎縮効果を与えないような形の反論権立法を制定することは、憲法上許容されると考えられる」という。[67]

染谷学は、マス・メディアの表現の自由を自律的自由と制度的自由の二重性を持つものとして理解しつつ、反論権は後者の側面において作用するものであって、マス・メディアの自律をも侵害せずに、「社会の情報空間全体を豊かにするものとして肯定されることができる」という。[68]

反論権論の課題

国内における反論権に関する学説は上述のごとく、肯否両説とも一部の論者を除けば、反論権の憲法上の根拠の有無を追究せず、主に反論権の意義や機能に焦点を当てアプローチする傾向がある。反論権法規が存在しない中、反論権論は反論権の成否（憲法上の根拠の有無）を問うことが出発点であろう。また、反論権が憲法上根拠付けられれば、その実現に向けた立法論が帰着点であろう。

以下、反論権の憲法上の根拠を考察しつつ、反論権の実現方式について検討を行う。

(1) 表現の自由論と反論権の法的根拠

上述のごとく、今日、反論権制度を有する国は殆ど人格権や表現の自由から反論権の憲法上の根拠を導出する。それは、個人の人格的利益を害する報道に対する反論・反駁の機会の保障という反論権の本質に鑑み、当然の帰結である。とりわけ、反論権は現代的な表現の自由の領域に属するアクセス権の要素を有することや、プレスの自由に対する個人の対等な対抗言論の権利であることから、その根拠を表現の自由から導出するのがより合理的であると考えられる。よって、反論権の成否は、主に表現の自由の捉え方に依存することになる。

では、日本国憲法21条から反論権を導出することは可能か否か。同条が保障する表現の自由は、国家の干渉を受けずに思想・情報を自由に表明したり、それを自由に受領する主観的公権であることは論を俟たない。他方で、表現の自由は、今日、社会全体において享有すべき価値として、自由かつ多様な思想・情報の流通と開かれた公的討論により民主政治を実現するという客観的価値秩序の性格をも有するというべきである。客観的価値秩序としての表現の自由は、主観的公権としての表現の自由を補完する面がある。要するに、同条による表現の自由は、国家からの自由という消極的自由としての側面を基本としつつも、現代日本社会のコミュニケーション環境において民主政治の実現に資する自由かつ多様な思想・情報の流通と開かれた公的討論を確保すべく、国家による自由という一定の積極的自由としての側面を内包しているといえよう。筆者は、このようなダイナミックな表現の自由の原理論の下、表現の自由の後者の性格に立脚すると、国家の個人の表現の自由実現義務の一環として反論権が導出され得ると考える。

日本国憲法21条から正当に位置付けられ得る反論権は、民主政治の実現を阻害する、表現の自由の権利主体間（マス・メディアと市民）の表現手段の力の不均衡を是正すべく、個人に付与された表現の自由の一内容として理解できよう。このような反論権は、プレスの自由を制約する性質を有することも否めないが、同条が保障するプレスの自由の性格と必ずしも背馳するわけではない。プレスの自由には、対国家防禦権としての性格と、現代日本社会のコミュニケーション環境におけるプレスの特別の作用（国民の知る権利への奉仕）[69]に鑑み、客観的制度としての性格[70]が交差しているというべきであり、プレスの自由の後者の側面に着目すると、プレスは一定の特権（取材源秘匿権等）を享受する一方、その自由に相応しい公的機能を遂行し、一定条件下で個人のアクセス（反論報道請求）に応じることが要請されるからである。従って、ここで議論する反論権は、戦前の大日本帝国憲法の前近代的表現の自由の射程の下プレスの自由の抑圧に力点が置かれた旧新聞紙法上の正誤・弁駁権制度とは異なり、現代における表現の自由をめぐる問題状況を克服する視角から表現の自由の実質的公平を図る手段、すなわちプレスの自由と個人の表現の自由を調和させるものである。

現に全国紙と民放キー局の系列関係や民放局におけるネットワーク体制等マス・メディアの集中・系列化による言論・情報内容の画一化・均一化の傾向や、インターネットの普及によるメディア生態系（media ecology）の変化にもかかわらずマス・メディアと一般市民の表現手段の力の不均衡が厳然として存在することから、少なくとも救済型アクセス権（反論権）の保障は不可欠であろう。また、報道被害に対する既存の法的救済手段の限界（帰責事由の立証の困難、経済的・時間的コスト等）に鑑み、迅速かつ有効な救済手段の必要性からも反論権の制度化が求められよう。反論権の法認に否定的な論者はマス・メディアの編集の自由への萎縮効果を懸念するが、それはプレスの自由を単に当該プレスの編集者・所有者の個人権として看做すことによる論理であるため説得力を欠き[71]、反論権制度を有する国の実態に照らしても杞憂に近い[72]。

(2) 反論権の実現方式

① 法制度の導入

憲法上反論権が認められても、裁判規範性を有するためには憲法の精神に則った反論権制度の確立が必要である。反論権の立法に際しては、前述した仏独韓をはじめ反論権制度を有する国が同一スペース・同一分量・無料反論を共通要素としつつも、各々の政治的・歴史的背景下で独自の制度を形成・発展させてきたことに鑑み、日本社会のコミュニケーション環境や政治・社会文化を考慮した制度設計が求められよう。筆者は既に反論権法に関する試論的な構想を提示したが[73]、コミュニケーション過程における市民の地位向上とプレスの自由への制約の最小化を図る観点から、重要な論点を確認しておきたい。

第一に、反論権の主体、すなわち反論報道請求権者の範囲である。反論報道請求権者は報道により単なる名指し・指示ではなく、一定の批判・攻撃の個別関連性（直接関連性）が認められる者に限定すべきである。また、マス・メディアの権力監視機能（watchdog role）に照らし、公的機関や、公的事項等に関する報道に伴って付随的に単なる批判・攻撃を受けた者には反論権を認めないのが適切であろう。

第二に、反論権の客体、すなわち反論権が適用される媒体と報道形態の画定である。まず、反論権が適用される媒体に関しては伝統的メディアに加え、インターネットにおける市民と媒体所有者・運営者の間に存在する思想の伝達力の不平等や近時の諸外国の法制動向に鑑み、インターネットも視野に入れるべきであろう。ただし、インターネットに反論権を適用する場合でも、既存のプレスや放送と同様、ジャーナリズム空間（インターネット新聞・放送、ポータルサイトのニュースサービス等）に限定すべきである。次に、反論権が適用される報道形態は事実に関する報道に限定し、論評等は対象外とするのが妥当であろう。

第三に、反論権成立の実質的要件、すなわち反論報道の拒否事由の設定である。上記の形式的要件だけで反論報道請求が認められてはプレスの自由を不当に制約しかねないため、権利行使の濫用を防ぐ歯止めが必要である。反論報道の拒否事由としては、反論権制度を有する国の運用基準等を参考にすれば、反論が①明確に事実に反する場合、②正当な利益がない場合、③第三者の正当な利益を侵害する場合、④反論・反駁を超え、明白な訂正ないし取消を含む場合、⑤専ら商業的広告を目的とする場合を挙げることができる。

第四に、反論権の行使をめぐる手続的要件と裁判手続の確立である。まず、手続的要件として①反論報道の請求期間、②反論報道の請求形式、③反論報道の実施期間、④反論報道の位置、⑤反論報道の分量等を定める必要があるが、①②③は迅速性・合理性を考慮して設定し、④⑤

は同一スペース・同一分量・無料反論原則を定めることが望ましい。次に、裁判手続として、反論報道をめぐる紛争は迅速な処理と加害者の負担軽減の観点から、民訴法上の仮処分手続に依拠しつつ、裁判所の反論報道命令に対する不服申立制度を用意することが適切であろう。

以上、反論権法を導入する際、媒体ごとの個別法よりは媒体横断的な単一法を制定する方が効率的であると考えられる。反論権を法制化する以上、アクセス権の理念に乏しい戦前の正誤・弁駁権制度の残滓と推定される放送法上の訂正・取消放送制度を廃止することが妥当である。

②自主規制による実質化

反論権は必ずしも法制度に依拠せず、スウェーデンや英国に見られるように、マス・メディアの自主規制による実現も不可能ではない。マス・メディアが自主的に報道被害者に応答・反駁の機会を付与するのは、言論による侵害に対しては言論で対抗するという表現の自由の基本原理に沿うものであり、マス・メディアの社会的責任（social responsibility）の実践でもある。しかしながら、「反論の機会の提供」を謳う新聞倫理綱領の条項が事実上死文化している等、自主規制レベルの反論制度は確立していない。今後、マス・メディアはジャーナリズム倫理に準拠して反論制度を定式化し、報道被害者の正当なアクセスに応える必要があろう。筆者は既に自主規制レベルの反論制度に関する試論的な構想を提示した[74]が、近年、英国のＰＣＣの破綻要因に鑑み、同構想を若干補強しておきたい。

規制の客観性・有効性を確保すべく、プレス界は市民社会と連携してプレス自主規制機関、プレス評議会（Press Council）を創設し、反論制度をも含めた自主的救済システムを構築すること、放送界は放送倫理・番組向上機構（ＢＰＯ）の既存の救済制度を実質化することを提案する。[75] まず、プレス評議会は当事者間で紛争解決に至らなかった事案に関する苦情申立につき、謝罪・訂正・反論報道等の調停を図り、さらに調停不調のときは倫理綱領違反の有無を審理し、倫理綱領違反の際は裁定により当該プレスに謝罪・訂正・反論報道等を要求する権限を有することが適切であろう。次に、ＢＰＯは放送による人権侵害の被害を救済する傘下の放送人権委員会が人権侵害中立につき、現行の「見解」「勧告」という消極的な委員会決定方式から脱却し、救済制度の実質化を図る観点から、権利侵害の程度及び性質に照らして当該放送局に謝罪・訂正・反論放送等の具体的な作為を求める権限を有する必要があろう。最後に、プレス評議会とＢＰＯは、必要に応じて反論制度等の裁定の実効性を担保するための方策（制裁措置）を講じることを提案する。

結びに代えて

以上、反論権の基本構造を概観した上で、反論権をめぐる国際的動向を踏まえつつ、日本における反論権の憲法上の根拠と実現方式を検討した。反論権は、報道被害者にマス・メディアと対等な立場で言論の応酬を保障するもので、多数の大陸法国で認められており、英米法国でも一定程度受け入れられている。ただ、日本ではマス・メディアの表現活動への国家権力の介入に対する警戒心が強く、判例・通説とも反論権につき、マス・メディアに及ぼす潜在的脅威を強調し、否定的・懐疑的に捉えている。しかし、反論権制度を有する国の実態に照らせば、判例・通説は支持できない。筆者は、むしろ反論権が名誉毀損的表現等に対する現行の損害賠償中心の紛争解決方式を画期的に変えるとともに、思想の自由市場を活性化し、健全な民主主義の発展に寄与する、すなわちマス・メディアと市民のウィン・ウィン関係を築くと考える。

憲法21条を現代的表現の自由のフレームから積極的に捉えると、同条から反論権が導出され得る。反論権が憲法上根拠付けられる以上、反論権の有用性に鑑み、反論権法の導入が求められよう。日本社会のコミュニケーション環境や政治・社会文化を考慮し、ドイツ型反論権制度を基本としつつも、反論権の主体・客体の両面からその成立要件を厳格に設計することを提案する。一方、反論権は必ずしも法制度ではなく、マス・メディアの自主規制によっても実現し得ることに留意すべきである。マス・メディアが自主責任制度（media accountability system）の一環として、倫理規範上報道被害者の反論の機会の保障を明確にして遵守しつつ、業界横断的な自主規制機関（プレス評議会、ＢＰＯ）の報道被害救済の一手段として反論制度を確立すれば、法制度並みの効果が期待できよう。

注

（1）旧新聞紙法上の正誤権制度は現行放送法上の訂正・取消放送制度（9条）に変形されながら継承されている。

（2）Eric Barendt, ***Freedom of Speech*** (Oxford University Press, 2005), 107.

（3）例えば、右崎正博「反論権考」杉原泰雄・樋口陽一『論争憲法学』（日本評論社、1994年）138頁。

（4）Jerome A. Barron, 'Access to the Press: A New First Amendment Right' (1967) 80 *Harvard Law Review* 1641.

（5）曽我部真裕『反論権と表現の自由』（有斐閣、2013年）237頁。

（6）石村善治「マス・メディアをめぐる諸問題」『ジュリスト』709号（1980年）32頁。

（7）この点、関連国内裁判例としてラーメンフランチャイズ事件控訴審判決（東京高判2009・1・30判例タイムズ1309号91頁）は、「インターネット上のすべての情報を知ることはおよそ不可能であって、自己の名誉を毀損する内容の表現が存在することを知らない被害者に対しては、反論を要求すること自体そもそも不可能である。……反論可能な被害者においても、現実に反論をするまでは名誉を毀損する内容の表現がインターネット上に放置された状態が続くことになる。……被害者の中には、更なる社会的評価の低下を恐れてやむなく反論を差し控える者が生じることもあり得る……。匿名又はこれに類するものによる表現に対しては、有効かつ適切な反論をすることは困難な事態が生じる……。被害者が反論をしたとしても、これを被害者の名誉を毀損する内容の表現を閲覧した第三者が閲覧するとは限らない……。被害者の反論に対し、加害者が再反論を加えることにより、被害者の名誉が一層毀損され、時にはそれがエスカレートしていくことも容易に予想される」とした。

（8）曽我部真裕は、反論権の保護法益を「自己像の同一性に対する権利」と把握する。曽我部・前掲注（5）、199頁。

（9）András Koltay, 'The Right of Reply: A Comparative Approach' (2007) *Iustum Aequum Salutare* 203, 204.

(10) T. Barton Carter, 'Right of reply versus the Sullivan rule: Time for a second look' (1981)27 *Loyola Law Review* 41, 66.

(11) EComHR, Ediciones Tiempo SA v. Spain [1989] App. no. 13010/87.

(12) 奥平康弘『ジャーナリズムと法』(新世社、１９９７年)２３６頁。

(13) Kyu Ho Youm, 'The Right of Reply and Freedom of the. Press: An International and Comparative Perspective' (2008) 76 *George Washington Law Review* 1017, 1033.

(14) http://hrlibrary.umn.edu/instree/u1circ.htm

(15) UNESCO, *Many Voices, One World, A Report by the International Commission for the Study of Communication Problems* (Unesco, 1980), 248-9.

(16) Charles Danziger, 'The Right of reply in the United States and Europe' (1986) 19 *New York University Journal of International Law and Politics* 171, 194.

(17) Council of Europe Committee of Ministers Resolutions (74) 26.

(18) European Treaty Series, No. 132.

(19) Council Directive 89/552/EEC.

(20) ECtHR, Melnychuk v. Ukraine (2005) App. no. 28743/03; Kaperzyński v. Poland (2012) App. no. 43206/07.

(21) Recommandation Rec(2004)16.

(22) Recommandation 2006/952/EC.

(23) Directive 2010/13/EU.

(24) Directive 2007/65/EC.

(25) 詳細は、曽我部・前掲注(５)、29–31頁参照。

(26) 大石泰彦『フランスのマス・メディア法』（現代人文社、１９９９年）１０６‐１２７頁参照。
(27) 詳細は、拙稿「インターネットにおける人権侵害の救済――反論権を中心に」田島泰彦編『表現の自由とメディア』（日本評論社、２０１３年）１０１‐１０２頁参照。
(28) 山口俊夫「反駁権――フランス法を中心として」伊藤正己編『現代損害賠償法講座　２』（日本評論社、１９７２年）２７９‐２８１頁参照。
(29) 曽我部・前掲注（５）、１６５頁。
(30) 詳細は、安次富哲雄「ドイツ法における反論権請求権（一）」琉大法學28号（１９８１年）１９８‐２０７頁、鈴木秀美『放送の自由』（信山社、２０００年）38‐40頁参照。
(31) 詳細は、拙稿・前掲注（27）、１０３‐１０４頁参照。
(32) 一般的に、①正当な利益がない場合、②適切な範囲を超える場合、③専ら商業取引に役立つ広告、④罰せられるべき内容を含む場合、⑤公的機関の公開会議、裁判所の公開裁判手続の事実報道に関する場合。
(33) Martin Löffler, 'The Gegendarstellungsrecht in the Federal Republic of Germany', in Martin Löffler／Heribert Golsong／Gotz Frank ed., *Das Gegendarstellungsrecht in Europa* (München: Beck, 1974), 190.
(34) Marian Paschke, Medienrecht (Springer-Verlag, 1993), 104.
(35) BverfGE 63, 131.
(36) BverfGE 97, 117.
(37) 特に、インターネットにおける反論権制度の詳細は、拙稿・前掲注（27）、１０４‐１０６頁参照。
(38) ここでの訂正報道は、原報道の故意・過失または違法性を請求要件としない（14条2項）ことから、名誉回復に適当な処分（民法７６４条）として認められ得るいわゆる訂正報道と異なる、狭義の訂正権制度といえよう。
(39) ①正当な利益がない場合、②明白に事実に反する反論、③明白に違法な場合、④専ら商業的広告を目的とする場合、⑤公的機関の公開会議、裁判所の公開裁判手続の事実報道に関する場合。

(40) 憲法裁判所1991・9・16宣告89憲マ165決定、1996・4・25宣告95憲バ25決定。

(41) 学説動向は、曺小永「反論報道請求権の憲法的意味とそれに対する憲法的評価」公法学研究7巻4号(2006年)167-169頁。

(42) 李在鎮『韓国言論ADRの現実と争点』(Culturelook、2016年)470-473、480-481頁。

(43) 拙稿「英国におけるプレス規制機関の動向」北海学園大学法学部編『次世代への挑戦―法学部半世紀の伝統を糧に―』(アイワード、2015年)403-426頁参照。

(44) Media Standards Trust, ***A Free and Accountable Media: Reform of press self-regulation: report and recommendations*** (2012), 17-18.

(45) http://webarchive.nationalarchives.gov.uk/20140122145147/http://www.levesoninquiry.org.uk/wp-content/uploads/2012/06/Lord-Soley-of-Hammersmith-Freedom-and-Responsibility-of-the-Press-Bill-1992.pdf

(46) Miami Herald Publishing Co. v. Tornillo, 418 U.S. 241 (1974).

(47) Meredith Corp. v. FCC, 809 F.2d 863 (D.C. Cir. 1987).

(48) Radio-Television News Dirs. Ass'n v. FCC, 229 F.3d 269 (D.C. Cir. 2000).

(49) Jerome A. Barron, 'Rights of Access and Reply to the Media in the United States Today' (2003) 25 ***Communications and the Law*** 1, 11-12; Jerome A. Barron, 'Access to the Media–A Contemporary Appraisal' (2007) 35 ***Hofstra Law Review*** 937, 951-953; Jerome A. Barron, 'Access Reconsidered' (2008) 76 ***George Washington Law Review*** 826, 840-844.

(50) Danziger, Supra note 16, 196-201.

(51) Rodney A. Smolla & Michael J. Gaertner, 'The Annenberg Libel Reform Proposal: The Case for Enactment'

(1989) 31 William & Mary Law Review 25.

(52) http://www.uniformlaws.org/shared/docs/Correction%20or%20Clarification%20of%20Defamation/UCCDA_final_93.pdf.

(53) 同法制定に向けた検討については、Katharine Stove, *Defining a Right of Reply: An Examination of the Law Commission's Proposals to Use a Right of Reply to Regulate Online Conduct* (Victoria University of Wellington, 2013)。

(54) Tracey Walker, *Reputation Matters: A Practical Legal Guide to Managing Reputational Risk* (CCH New Zealand Limited, 2012), 33.

(55) 最判１９８７・４・24民集41巻３号４９０頁。

(56) 同上。

(57) 東京地判１９９２・２・25判時１４４６号81頁。

(58) 最判１９９８・７・17集民１８９号２６７頁。

(59) 幾代通「新聞による名誉毀損と反論権」星野英一『我妻栄先生追悼論文集――私法学の新たな展開』（有斐閣、１９７５年）４６２-４６７頁。

(60) 樋口陽一『司法の積極性と消極性』（勁草書房、１９８５年）１３０-１３１、１４１-１４２頁。

(61) 芦部信喜『憲法学Ⅲ　人格各論（１）［増補版］』（有斐閣、２０００年）２７５-２７６頁。

(62) 阪本昌成『情報公開と表現の自由』（成文堂、１９８３年）１４３頁。

(63) 佐藤幸治『憲法［第三版］』（青林書院、１９９５年）５４２頁。

(64) 奥平康弘『表現の自由Ⅱ』（有斐閣、１９８４年）２０６-２０７、２１３頁。

(65) 右崎・前掲注（３）、１４２-１４３頁。

(66) 田島泰彦「表現の自由とメディアをめぐって」田島泰彦『表現の自由とメディア』(日本評論社、2013年)14頁。
(67) 市川正人『表現の自由の法理』(日本評論社、2003年)32頁。
(68) 染谷学「反論権再考」東京大学社会科学研究所紀要58巻2号(2007年)101-111頁。
(69) 最大決1969・11・26刑集23巻11号1490頁。
(70) 同様の考え方として、奥平康弘『なぜ「表現の自由」か』(東京大学出版会、1988年)317頁、浜田純一「プレスの自由の『制度的理解』について(一)」東京大学新聞研究所紀要27号(1979年)24-25頁、内藤光博「プレスの自由と証言拒否特権―プレス「特権」論からの再構成―」専修法学論集52号(1990年)192-193頁等参照。
(71) Koltay, *Supra* note 9, 205.
(72) Youm, *Supra* note 13, 1030-1031.
(73) 拙著『報道被害と反論権』(明石書店、2005年)214-245、274-278頁、拙稿・前掲注(27)、116-118頁参照。
(74) 拙著・同上、245-264、278-282頁。
(75) 特に、プレス評議会による反論制度の実現に関しては、田島・前掲注(66)、15-16頁、染谷・前掲注(68)、117-122頁も提案している。

第3章　韓国におけるゲーム審議制度に関する一考察

――2016年改正「ゲーム法」からみる自主審議制度の問題を中心に

千命載

はじめに

韓国では2006年からゲームを独自に扱う「ゲーム産業振興に関する法律」（以下、ゲーム法）が制定され、すべてのゲームのレーティングと事後管理が法定機関によって行われてきた。こうした中、スマートフォンやタブレットPCの登場によってモバイルゲームの流通が拡大するにつれ、2011年からは青少年の利用可能なゲームのレーティングを民間に委ねる「ゲーム法」改正が繰り返されてきた。

すなわち、2011年改正ではオープンマーケット[1]（アプリケーションマーケット）事業者に青少年の利用可能なモバイルゲームのレーティングが認められ、2013年改正では事業者らが新設する自主規制機関に青少年の利用可能なオンラインゲームとコンソールゲームのレーティングが委ねられた。そして、2016年改正ではアーケードゲームを除いて青少年の利用可能なゲームのレーティングがすべての事業者に拡大した。

しかしながら、このような「ゲーム法」改正によって民間の自主規制が拡大したとはいえ、行政が自主規制を行う事業者を指定すると共にその取消し権限を持つこと、事業者の自主規制の拡大によって事業者自らが設けた自主規制機関の存続が危機に晒されていることなど様々な問題が浮上している。そこで、本稿では、韓国におけるゲーム審議制度の歴史的経緯を踏まえ、2016年改正「ゲーム法」を中心に自主規制の在り方を検討すると共に、日本の課題を提起する。

1　韓国におけるゲーム審議制度の変遷

韓国におけるゲーム規制は法制度の整備過程によって大きく3つの時期に分けられる。[2]第1期は1973年から1998年までゲームが遊技場業として「遊技場法」をはじめ「遊技場業法」と「公衆衛生法」の下で管理された時代、第2期は1999年から2005年までゲームがコンテンツとして「音盤・ビデオ及びゲームに関する法律」(以下、音ビゲー法)の下で管理された時代、第3期は2006年から現在までゲームが産業と文化の両面から独自に「ゲーム法」の下で管理される時代である。このように韓国においては長い間、法制度の下で国家主導のゲーム管理体制が整備されてきたが、以下ではゲーム審議制度が国家主導から民間委託に変遷してきた経緯を概観する。

遊技場業の管理時代（1973〜1999年）

韓国でゲームを管理するための最初の法律は1961年12月6日に制定された「遊技場法」である。同法はゲームを遊技として扱い、遊技場営業を自治体（市郡区）の許可制とした（第3条）[3]。また、自治体の公務員には遊技場への立入検査と改善命令の権限を与えており（第5条）、事業者に対しては遊技場内での賭博行為の助長・黙認や遊技の強要などを禁止する遵守事項（第7条）と罰則（第8条）も定めた。

このように同法は遊技を直接規制するものでなく、遊技場[4]を運営する事業者を規制するものであったが、1973年10月16日には同法施行規則の改正によって今日のアーケードゲームといわれる電子遊技施設（使用料を遊技機器に投入または支払い、一定時間を遊戯できるように造られた非射幸性の電磁式遊技機器）の概念が新設された（第1条第5号）。

しかし、1975年に初めて電子娯楽室というゲームセンターの登場によってコンピュータゲームの大衆的な利用が本格化するにつれ、政府は1981年4月13日に「遊技場法」を「遊技場業法」へ改正し、ゲーム機器を個別に運営する遊技場業者に対する規制から、ゲーム機器の運営に特化した電子遊技場業者（ゲームセンター事業者）に対する規制へ転じた[5]。

また、1984年7月20日には「遊技場業法」施行令の改正により、初めて遊技機器に対する審議制度が導入された。すなわち、保健社会部の傘下に新設された遊技場業審議委員会[6]は保健社会部長官の諮問に応じ、①公益上または公衆娯楽の健全性を維持するための営業許可地域の制限及びその解除に関する事項、②遊技機器及びそのプログラムの賭博性または射幸性の判断に関する事項、③新たに登場する遊技種目が法及び施行令に基づく遊技場に該当するかどうかの決定に関する事項、④その他の遊技場業に関連して保健社会部長官が付議する事項を審議した。とりわけ、当時はゲームの種類が多様でなく、ストーリーが含まれていない単純な形のゲームがほとんどであったため、コンテンツに対する審議というより、賭博または射幸心を煽る要素の有無を判断する審議として主に射幸性の検査であった。

このような遊技機器に対する審議制度は1986年5月10日に「遊技場業法」が「公衆衛生法」に吸収されるまで続いた。しかし、1990年1月13日の「公衆衛生法」改正では遊技機器に対する審議制度を廃止する代わりに、遊技機器及びその基板に対する検査制度を導入し（第12条の2）、保健社会部長官が検査業務を関係専門機関または営業者団体に委託する体制となった[7]。これをきっかけとしてゲーム業界の代表らで構成される韓国コンピュータゲーム産業中央会が遊技機器の検査業務を代行して遊技機器の審議済証を発給した。

一方、遊技場業の管理権限は1994年12月23日の「政府組織法」改正によって保健社会部が保健福祉部に改称されても続いたが、ゲームの産業としての成長可能性を認識した政府は1998年の「公衆衛生法」改正で保険福祉部から文化観光部へ移管すると共に、文化観光部長官が遊技機器の検査権限を韓国コンピュータゲーム産業中央会から韓国公演芸術振興委員会に委託する体制に変えた（第15条の3）。その背景には、韓国コンピュータゲーム産業中央会による不適正な審議済証の発給など不正行為が続出したこと(8)から、1996年に「公演法」改正で法定機関として新設された韓国公演芸術振興委員会が1998年からゲーム審議を担当するようになった。

このように遊技場業の管理時代は「遊技場法」→「遊技場業法」→「公衆衛生法」へ法制度が変化する中、政府による許可制の下でゲームのコンテンツではなく、機器や装置としての遊技機器に対する審議制度または検査制度が行われたことが特徴といえる。

国家主導のゲームレーティング時代（1999〜2010年）

遊技場業の管理時代は1999年2月8日に制定された「音ビゲー法」をきっかけとして幕が下り、ゲームの管理時代が到来した。その背景には、1996年10月4日に憲法裁判所が「映画法」の下で行われてきた公演倫理委員会による映画の事前審議を検閲と判断したことから(9)、ゲームに関しても事前審議制度の代わりにレーティング制度を導入しようとする傾向が浮上してきたからである[10]。また、1998年より遊技場業に対する管理権限が保健福祉部から文化観光部へ移管することによって、これまで遊技場業を規律していた「公衆衛生法」を廃止する代わりに、1991年3月8日に制定された「音盤及びビデオに関する法律」にゲームを加え、コンテンツとしてのゲームを管理しようとする傾向が現れてきたからである。

そのため、1999年に制定された「音ビゲー法」の特徴は次の通りである。第一に、遊技機器の代わりにゲームという用語を初めて導入し、「コンピュータプログラムによって娯楽をすることができるように制作された映像物（有形物への固定如何を問わない）と娯楽のためにゲーム提供事業所内に設置・運営するその他のゲーム器具」と定義した（第2条第3号）。このようなゲームの定義は、ゲーム機器に娯楽映像物を加えて二元的に構成した概念であるため、ゲームのコンテンツに対する規制が始まったことを意味する。

第二に、ゲームの範囲をコンピュータゲーム場に設置される遊技機器だけに限定し、コンピュータゲーム場業をゲーム提供業[11]へ名称を変えると共に、ゲーム制作業・ゲーム配給業・ゲーム販売業を新たに設け（第2条）、文化観光部長官の登録制とした（第4条及び第7条）。

第三に、ゲームのコンテンツに対するレーティングを初めて導入し、アーケードゲームはゲームセンターで利用者の年齢確認が難しいため、「全体利用可」と「18歳利用可」の2つを適用した[12]。一方で、オンラインゲームはゲームというよりインターネット情報として認識されていたため、レーティング対象から除外された。

このようなゲームのレーティングは「公演法」に基づいて設けられていた映像物等級委員会[13]が事前審議を行い（第18条第1項）、ゲームの内容に問題があると認める場合は、十分な内容検討のために3ヶ月以内の期間を決めてレーティングを保留することができ、過度に射幸心を煽るゲームに対してレーティングができないと判断する場合には、ゲームの使用不可と決定することができる権限を有していた（第18条第3項及び第4項）[14]。

しかし、映像物等級委員会がゲームのレーティングを始めて以来、オンラインゲームが韓国市場で急成長すると共に海外市場へ進出するなど、ゲーム業界がオンラインプラットフォームを通じて本格的にゲームを制作・輸出するにつれ、ゲーム業界と学界からは民間の自主審議に転換することを求める主張が浮上してきた[15]。とりわけ、2002年3月27日に文化観光部がオンラインゲームを事前審議対象とすることを発表し、同年10月から映像物等級委員会がオンラインゲームのレーティングを始まってからは、ゲーム審議機関に対する専門性・一貫性の欠如問題や、レーティングの客観性・予測可能性・透明性・衡平性に関する問題などを指摘する意見が噴出してきた[16]。そのため、政府は2003年にゲームを対象とする法律を別途制定してレーティング制度を改善することと長期的に自主審議制度を推進することを盛り込んだ「第一次ゲーム産業振興中長期計画」（2003～2007年）を公表した。これにより、政府は2005年に民間自主審議制度へ転換する前の中間段階として一時的に法定機関を設ける「ゲーム法」の制定案を提示した。

ゲームレーティング業務の民間委託時代（2011～現在）

映像物等級委員会がゲームのレーティングを行ってから民間の自主審議への転換を求める議論が深まってきたことから、政府は映像物等級委員会の問題を解決するため、2006年4月28日に「ゲーム法」を制定し、2年間限定付きのゲーム専門審議機関としてゲーム等級委員会を新設した。これは国家機関による審議制度を維持する一方で、自主規制に関する議論を一層深めながら段階的に民間へ審議権限を譲る方案として提示されたものであった。

しかし、「ゲーム法」が施行される前に、いわゆる〈海物語り〉事件[17]が社会問題となり、ゲーム審議制度の改善をめぐる議論より射幸心を煽るゲームの規制が重視されたため、政府はゲーム等級委員会を10年間にわたって維持してきた。その一方で、政府は2008年にゲームのレーティングに関する自主規制の導入を目標とする「第二次ゲーム産業振興中長期計画」（2008～2012年）を樹立すると共に、自主規制を部分的に導入する法案を発議するほか、2009年には自主規制を議論するTFを運営してきた。

ところが、2009年末から韓国内にスマートフォンが販売されることによってモバイルゲームのグローバルビジネスと国内のゲーム審議制度が衝突する問題が生じた[18]。韓国内でゲームを流通するためには事前審議を受けなければならないが、オープンマーケットに流通するゲームのカテゴリがスマートフォンまたはタブレットPCの利用者には提供されなかったからであった。その結果、スマートフォンの利用者が急増してオープンマーケットの産業規模が爆発的に増加するなどゲームの審議制度の改善が至急の問題となるにつれ、2011年4月には青少年が利用可能なオープンマーケットゲームに限って民間事業者の自主審議を導入する内容の「ゲーム法」改正が行われた。

また、ゲーム等級委員会に対しても審議基準の非一貫性、審議手続き及び審議手数料の負担、法定機関による審議の非効率性などが問題となり、2013年5月23日に「ゲーム法」が再び改正された。その主な内容は、ゲーム等級委員会を廃止する代わりにゲームの事後管理を専門とするゲーム管理委員会を新設する一方、青少年が利用可能なオンラインゲームとコンソールゲームのレーティング業務を自主規制機関に委託する制度が新たに設けられた。

これを機に、2013年12月にゲーム管理委員会が設置され、2004年5月には自主規制機関としてゲームコンテンツ等級分類委員会が発足することにより、韓国におけるゲームのレーティング主体は表1のように3つの体制となった。

さらに、2016年5月29日には民間の自主審議を一層拡大するために「ゲーム法」が改正され、ゲームのレーティングを行う事業者（以下、レーティング事業者）の指定制度が導入された。その背景は、ゲーム環境の変化によってIPTVやVR機器など新しいプラットフォームが登場すると共に、モバイルとオンラインなど多様なプラットフォームで連動可能なゲームが登場してきたため、既存の法体系の適用が難しくなってきたからである。また、法定機関がゲームのレーティングを行うことは表現の自由を制限し得るため、その対案としてオンライ

表1　韓国におけるレーディング業務の主体と対象ゲーム

<table>
<tr><th>年齢等級
ゲーム</th><th>全体利用可</th><th>12歳利用可</th><th>15歳利用可</th><th>青少年利用不可</th></tr>
<tr><td>オンラインゲーム</td><td colspan="3" rowspan="2">ゲームコンテンツ等級分類委員会
(GCRB)</td><td rowspan="4">ゲーム
管理委員会
(GRAC)</td></tr>
<tr><td>コンソールゲーム</td></tr>
<tr><td>モバイルゲーム</td><td colspan="3">オープンマーケット事業者
(Google, Apple など)</td></tr>
<tr><td>アーケードゲーム</td><td>ゲーム
管理委員会
(GRAC)</td><td colspan="2"></td></tr>
</table>

ン・コンソール・モバイルのようなプラットフォームを対象に青少年の利用可能なゲームに対する民間の自主規制が進められてきたからである。そのため、2016年「ゲーム法」改正ではレーティング事業者の指定制度を導入し、青少年の利用可能なゲームのレーティングはプラットフォームに関係なく一定の要件を整っているすべての事業者に自主審議の権限が与えられる体制となった。

2　韓国におけるゲーム審議制度の考察

ゲーム審議制度の現状

「ゲーム法」は、ゲーム産業の基盤を助成すると共に、ゲームの利用に関する事項を定め、ゲーム産業の振興及び国民の健全なゲーム文化を確立することによって国民経済の発展と国民の文化生活の質の向上に資することを目的としている（第1条）。同法でいうゲームとは、「コンピュータプログラムなど情報処理技術や機械装置を利用して娯楽をすることができるようにし、若しくはこれに付随して余暇宣揚、学習及び運動効果などを高めることができるように制作された映像物またはその映像物の利用を主な目的で制作された機器及び装置」をいう（第2条）[19]。

このようなゲームを流通または提供の目的で制作・配給しようとする者は事前にレーティングを受けなければならない（第21条第1項）。そのため、現にゲームのレーティング業務を行う主体は、2013年改正「ゲーム法」によって新設されたゲーム管理委員会と自主規制機関に加え、2016年改正「ゲーム法」で新たに導入されたレーティング事業者の3つに分かれている。

まず、ゲーム管理委員会はゲームの倫理性及び公共性の確保、射幸心の誘発または助長の防止、青少年の保護、違法ゲームの流通防止を設立根拠としている（第16条第1項）。ゲーム管理委員会の主な役割は、ゲームのレーティングに関する事項、ゲームの青少年への有害性と射幸性の確認に関する事項、ゲームのレーティングに関する客観性の確保のための調査・研究に関する事項、レーティング事業者の教育及びゲーム利用者とゲーム関連事業者の教育に関する事項、レーティングされたゲームの流通の事後管理に関する事項などを審議・議決することである（第16条第2項）。

次に、自主規制機関は、文化体育観光部長官が5年以内の期間を決めて指定する非営利法人として、青少年が利用可能なオンラインゲームとコンソールゲームのレーティング業務をゲーム管理委員会から委託され、委託期間が満了する6ヶ月前にレーティング業務遂行の適正性について文化体育観光部長官が適正と判定した場合は、5年以内の期間でゲーム管理委員会から再委託される（第24条の2）。このような自主規制機関はゲーム管理委員会に対し、レーティングの決定または決定取消をした内容を10日以内に通報すること、毎年2月末まで年間活動報告書を提出すること、年間10時間の範囲でレーティング業務に必要な職員教育を受けること、レーティング業務に関わる資料要請に特別な事情がない限り応じることが義務づけられている（第24条の3）。

最後に、2016年から新たに導入されたレーティング事業者は、文化体育観光部長官が①レーティング業務運営計画の適正性と②ゲーム産業の発展及び健全なゲーム文化の助成に関する寄与計画の適正性を審査して、3年以内の期間を決め業務運営に関する条件付きで指定される（第21条の2第1項）。

このようなレーティング事業者になるためには、次の5つの指定要件を満たさなければならない（第21条の2第2項）。①法人[20]であること、②レーティング責任者（指定を受けようとする法人の役員またはレーティングに関わる業務を担当する部署の長に該当する地位にある者）と専門担当職員（業務委託契約を結んでいる者を含む）を配置すること、③レーティング事業者が制作したゲームのレーティングに関する適正性について諮問意見を提示する外部専門家を2名以上委嘱すること、④レーティング業務を行うためのオンライン業務処理システム（ゲーム管理委員会のシステムと連携する機能を含む）を構築すること、⑤最近3年間「ゲーム法」を違反して営業停止以上の行政制裁または罰金以上の刑が確定したことがないことである。

レーティング事業者がレーティングを行うゲームの範囲は、①ゲームを提供したり仲介する契約（以下、仲介契約）を締結してサービスをするゲーム、②レーティング事業者が制作したゲームとなっている（第21条の2第3項[21]）。また、レーティング事業者は国内に流通することを主な目的としていないゲーム（海外ゲーム）を利用者に提供する際、海外流通事業者と海外ゲームの国内利用提供に関する契約を締結してレーティングを行い、レーティング結果を利用者が容易に認知できるようにすると同時に5営業日以内にゲーム管理委員会へ通報しなければならない（第21条の5[22]）。

このようにレーティング事業者がレーティングを行ったゲームはゲーム管理委員会のレーティング決定と同じ効力を有するが、他のレーティング事業者が流通しようとする場合には新たにレーティングを行わなければならない。また、レーティング事業者でない者は複数のレーティング事業者が同じゲームに対して異なるレーティングを行った場合、レーティング結果が低いものを流通しなければならない（第21条の4）。

また、レーティング事業者は次のような遵守事項が義務づけられている（第21条の3第1項）。①レーティング基準またはゲーム管理委員会と協約した別途の基準（レーティング表示方法を含む）に従ってレーティングを行うこと、②仲介契約を締結した事業者にレーティング結果を表示させること、③レーティング拒否事由に該当するゲームについてはレーティングサービスを提供せず、その事実をゲーム管理委員会に通報すること、④レーティング表示及びサービス適合性を仲介契約の終了日まで確認して仲介契約の終了の際、この事実を終了日から5営業日以内にゲーム管理委員会に通報すること、⑤レーティングの決定（ゲーム内容情報に関する事項を含む）及び内容修正申告に関する事項が5営業日以内にゲーム管理委員会へ通報できるよう、オンライン業務処理システムの連携を維持すること、⑥ゲーム管理委員会の職権によるレーティング再分類及びレーティング調整に従う措置を履行し、その措置結果をゲーム管理委員会に通報すること、⑦レーティング業務についてゲーム管理委員会の要請に従うこと、⑧レーティング責任者及び専門担当職員はゲーム管理委員会が実施するレーティング業務に関する教育を年4回以上受けること、⑨レーティング業務の適正性に関するゲーム管理委員会の評価を年1回以上受けてその改善措置を履行しなければならず、レーティング事業者が委嘱した外部専門家の活動報告書を評価実施1ヶ月前にゲーム管理委員会に提出すること、⑩レーティング業務を行う際、仲介契約を締結してサービスをするゲームとレーティング事業者が制作したゲームを差別しないことなどである[23]。

一方、ゲーム管理委員会はレーティング事業者がレーティングを行ったゲームに対してレーティング拒否対象と判断した場合、文化体育観光部長官の要請または職権でレーティングを決定したり、レーティング事業者のレーティング決定を取り消すことができる（第21条の8）[24]。

また、ゲーム管理委員会は、①レーティング事業者のレーティング結果がレーティング基準を顕著に違反した場合、②同じゲームに対する複数のレーティング事業者のレーティング結果が異なる場合、レーティング事業者にレーティングを調整するよう要求することができる（第21条の9[25]）。

さらに、文化体育観光部長官はレーティング事業者が指定期間の満了の後にレーティング業務を継続しようとする場合、①レーティング事業者の指定要件（第21条の2第1項〜第2項）に関する実績及び今後の計画の適正性、②レーティング事業者の業務適正性に関するゲーム管理委員会の年1回以上の評価と改善措置の履行をそれぞれ審査し、3年以内の範囲で再指定する権限を有している（21条の6）。また、文化体育観光部長官はレーティング事業者が、①虚偽または不正な方法によって指定を受けた場合、②指定要件を整っていない場合、③遵守事項を違反した場合には、聴聞を経て指定を取消しまたは6ヶ月以内の期間を決めレーティング業務の停止を命ずる権限も与えられている（第21条の7第1項〜第2項[26]）。

考察

(1)法定機関によるレーティング制度の違憲性

韓国のゲーム審議制度はこれまでゲームの流通の前に法定機関の事前審議を受けなければならず、レーティングを受けていないゲームを提供する場合は刑事処罰の対象となっている。[27]しかし、法定機関によるゲームの事前審議は表現の自由と検閲禁止を謳う韓国憲法第21条に反することから事前検閲の問題が提起されてきた。

この件について、憲法裁判所は1996年、映画に対する公演倫理委員会の事前審議制度を定めた「映画法」第12条などの違憲訴訟で、事前検閲に関する基準を次のように提示した(28)。すなわち、「検閲は行政権が主体となって思想や意見などが発表される前に予防的措置としてその内容を審査、選別して発表を事前に抑制する、すなわち許可されていないものの発表を禁止する制度」とした上、「検閲禁止の原則はすべての形態の事前的な規制を禁止するものではなく、単に意思表現の発表如何が専ら行政権の許可にかかっている事前審査のみ禁止することを意味する。したがって、検閲は一般に許可を受けるための表現物の提出義務、行政権が主体となった事前審査、許可を受けていない意思表現の禁止及び審査手続を貫徹することができる強制手段などの要件を揃った場合のみに該当する」と判示した。

このような憲法裁判所の決定に基づき、法定機関によるゲームの事前審議制度は行政権が主体となり、表現物の公開の前にその内容を審議して公開水準と公開如何を決定するだけなく、これを違反した場合は処罰が可能となるため、憲法第21条が禁止する検閲に当たると主張されてきた(29)。

しかし、憲法裁判所は法定機関によるレーティングという審議制度に対しては合憲判決を下している(30)。すなわち、憲法裁判所は映像物等級委員会によるビデオのレーティングについて

「意思表現の公開ないし流通を許可するか否かを映像物等級委員会が事前に決定する手続きではなく、その発表や流通による実定法の違反事態を未然に防止し、ビデオの流通によって青少年が受ける悪影響を事前に遮断しようとして公開や流通に先立って利用年齢を分類する手続きに過ぎない」とした。その上、「ビデオの場合、青少年が利用できないレーティングを与えられた場合、レーティングの付与当時の時点では利用年齢の制限によってその年齢に該当する者にはアクセスが遮断されるが、時間が経過して利用可能な年齢になると、これに対するアクセスや利用が自由になる。このような点からレーティングは表現の公開や流通そのものを事前に禁止して時間が経過してもこれに対するアクセスや利用を不可能にする事前検閲と異なる。したがって、この事件の規定がレーティング審査を受けていないビデオの流通を禁止しているとしても、これは事前検閲に該当しない」と判断した。

このようなビデオのレーティングに対する憲法裁判所の合憲決定を機に、韓国におけるレーティング審議制度は事前検閲を代替する表現規制の核心装置となっている。しかし、法定機関にはレーティング拒否[31]（第22条第2項）という事前権限にとどまらず、職権レーティング再分類（第21条の8）とレーティング調整措置（第21条の9）などの事後権限も与えられている。そのため、法定機関によるレーティング制度が営業秩序を理由に表現の自由を制約するものとして濫用される場合は検閲の問題から逃れることはできない[32]。

(2)行政権によるレーティング業務の民間委託及び指定の違憲性

次に、「ゲーム法」は自主規制機関やレーティング事業者に法定機関のレーティング業務を委託するために文化体育観光部長官の指定制度を導入しているが、行政権が民間の自主規制機関や事業者に表現の審議を委託することは違憲ではないだろうか。

この件について、憲法裁判所は2008年6月26日、旧「放送法」第32条第2項などに基づいて当時の法定機関である放送委員会が民間の韓国放送広告審議機構に放送広告の事前審議を委託したことを違憲と決定した。(33) その理由は、「放送委員会の構成方法や業務内容そして業務処理方式などを鑑みたとき、放送委員会は行政主体に該当する」とし、「テレビ放送広告の事前審議を担当する自律審議機構の第1広告審議委員会は委員長1人と副委員長2人を含む9人以内の委員で構成され、1年を任期として理事会の同意を得て会長が委嘱するが、彼らを委嘱して委嘱に同意権を行使する会長と理事会の役人は一定の要件を満たした者の中から総会で選任され、総会で選任された者は文化観光部長官の承認を得て就任するようになっている。このように広告審議委員の選任に関与する会長と理事の選任に文化観光部長官の承認を要するようにすることは自律審議機構の構成に行政権が介入している」と判示した。その上、「放送委員会は、放送法上、放送広告の審議基準となる放送広告審議規程を制定・改正する権限をもっているため、放送委員会は放送広告審議規程を改正することによっていつでも自分の思うとおりに自律審議機構の審議内容を遠隔調整することができ、放送委員会は自律審議機構の運営費や事務室維持費、人件費などの費用を支給しているため、自律審議機構はその影響力の下にある」とした。したがって、放送広告の事前審議は自律審議機構が担当しているものの、実は放送委員会が委託という方法によりその業務の範囲を拡張していることに過ぎないため、自律審議機構が行う放送広告の事前審議は行政機関による事前検閲として憲法が禁止する事前検閲に該当すると判断した。

このような憲法裁判所の判断からすれば、文化体育観光部長官の指定によって法定機関のゲーム管理委員会が民間の自主規制機関や事業者にゲームのレーティング業務を委託する制度は法定機関の業務範囲を拡張するものとして違憲の余地が多々あり、自主規制機関や事業者が自発的にレーティングを行うことができるような本来の自主規制が保障されなければならない。

(3) 自主審議制度の拡大問題

韓国のゲーム審議制度は1999年から法定機関を中心とする国家主導のレーティングが行われてきたが、2011年以降は青少年が利用可能なゲームを中心にオープンマーケット事業者や自主規制機関のレーティング制度が導入され、3つのレーティング主体が運用されてきた。その上、2016年改正「ゲーム法」は民間の自律性を確保するために民間事業者の自主審議を一層拡大するものであった。

しかし、2016年改正「ゲーム法」でも民間事業者のレーティング範囲は青少年が利用可能なゲームに限定しているに過ぎず、アーケードゲームや「青少年利用不可」のゲームはゲーム管理委員会がレーティングを担当することで従来と何も変わっていない。

また、２０１６年改正「ゲーム法」は２０１４年から自主規制機関として運営されてきたゲームコンテンツ等級分類委員会の存続を危うくさせる恐れがある。すなわち、ゲームコンテンツ等級分類委員会はレーティング審議手数料を主な財源としているが、自主規制機関が発足してから3年も経過していない段階で新たにレーティング事業者の指定制度を導入したため、レーティング事業者が多くなるほど自主規制機関の財政と役割は縮小せざるを得ない[34]。

一方で、２０１６年改正「ゲーム法」は新たに指定されるレーティング事業者にも費用の面で大きな負担が強いられている。すなわち、レーティング事業者はゲームのレーティングに関する審議結果をアップロードするオンラインシステムを構築してゲーム管理委員会と連動させなければならない。また、レーティング事業者はレーティング業務を担当する職員とレーティング結果を検討する外部の専門家まで確保することも義務づけられている。その他にも、レーティングを行ったゲームに対する利用者の問い合わせに応じる人材を置くなど様々な条件をクリアしなければならない[35]。

このように２０１６年改正「ゲーム法」は青少年の利用可能なオンラインゲームとコンソールゲームを対象に行ってきた自主規制機関のレーティング業務を民間事業者に拡大したものに過ぎない。しかも、２０１７年7月からレーティング事業者の指定公募が始まったものの、これに申請した事業者は同年11月末まで1社のみにとどまっており[36]、十分な財源がなければレーティング事業者と指定されるための応募すらできない仕組みが、果たして民間の自主審議を拡大するものといえるだろうか。

⑷ 法定機関の規制拡大の問題

最後に、2016年改正「ゲーム法」は民間事業者のレーティングが適正に行われるよう、ゲーム管理委員会の教育及び事後管理機能を強化した。ゲーム管理委員会のレーティングに関する教育及び事後管理機能は、2013年改正「ゲーム法」で民間の自主規制機関にゲーム管理委員会のレーティング業務を委託する条件として初めて導入され、レーティング事業者にまで拡大したものである。

これにより、ゲーム管理委員会がレーティング業務に必要な教育をする時間は、自主規制機関（役職員）を対象に年間10時間以内であり、レーティング事業者（レーティング責任者及び職員）を対象には年間4回以上が義務づけられている。もちろん、ゲームのレーティングを初めて行う者はレーティング業務に関する教育を受けることが必要であろう。しかし、民間のレーティング業務について法定機関の教育を毎年義務づけることは、憲法裁判所が旧「放送法」第32条第2項などに関する違憲決定で提示したように「行政機関がいつでも自主規制機関やレーティング事業者の審議内容を遠隔調整することができる」など、民間の仕組みを官による規制の代行機関、下請け機関として位置づけるものにほかならない[37]。

また、ゲーム管理委員会はゲームの流通に関する事後管理を担当している。とりわけ、自主規制機関とレーティング事業者がレーティングを行ったゲームに対し、ゲーム管理委員会がレーティング拒否対象と判断した場合は職権でレーティングを再分類する権限まで有している。そのため、民間の自主審議は法定機関の職権レーティング再分類が行われないことを前提として効力を発生することから、法定機関の職権レーティング再分類は民間のレーティング業務に対する干渉となり得る。(38) しかし、2016年改正「ゲーム法」が成立するまでオープンマーケット事業者と自主規制機関が行ったゲームのレーティング結果についてゲーム管理委員会の職権レーティング再分類は1回もなされていない。このように民間の自主審議に関する成果を評価することなく、民間のレーティング主体が登場する度に法定機関の規制権限を拡大することは問題といわざるを得ない。

3　日本への示唆

韓国ではコンテンツに対する検閲の歴史が長期間にわたって続いてきたため、メディアの自主規制の経験は日本に比べて遥かに足らない。そのため、韓国ではメディア業界による自主規制の必要性がイシューになる度にその力量を疑う社会的な憂慮が高まり、国家主導の法規制が続いてきた。その結果、ゲーム審議制度は未だ法律に基づく民間委託の自主規制レベルにとどまっている。

一方で、日本では戦後から青少年に有害な表現は法規制よりメディア業界の自主規制に委ねられてきた。しかし、このような日本の自主規制もメディアが社会的責任を自覚し、先手を打って作り上げてきたのではなく、政府の代行をするというような性格が付きまとっていたという批判もなされてきた[39]。とりわけ、ゲーム業界では1991年に京都府の中学生がアダルトゲーム「沙織」を万引きした事件を機に、京都府警がアダルトゲームメーカーのフェアリーテール及びジャストを家宅捜査したことから、アダルトゲーム業界が1992年にソフ倫を発足してパソコンゲームに対する18禁シールを認定してきた。また、家庭用ゲーム業界ではコンピュータエンターテインメント協会（CESA）が内部に倫理委員会を設けて審査を始めたが[40]、倫理規定の曖昧さと倫理委員会の委員による解釈の相違などが問題となり[41]、2002年6月からコンピュータエンターテインメントレーティング機構（CERO）が発足して年齢別レーティングを行ってきた[42]。

このように日本の自主規制はメディアの積極的な取組みではなく、世論の批判や法規制との関係で行われてきたとはいえ、社会全体の重要な課題である青少年の保護・健全育成と憲法上の重要な権利である表現の自由にかかわる問題[43]をメディア業界が自ら調整・解決しようと取り組んできた自主規制そのものは評価に値するといわなければならない。

ただし、ゲーム審議機関の場合、韓国の法定機関には専門性・一貫性の欠如、レーティングの客観性・予測可能性・透明性・衡平性、非効率性などの問題が問われてきたが、日本の自主規制機関には実効性と公開性に課題を孕んでいる。とりわけ、ＣＥＲＯの場合、①会員と非会員を問わず、日本国内のプラットフォームにおいて作動することを目的に開発・販売する家庭用ゲームソフトを審査対象としているとはいえ、アウトサイダーが存在し得ること、②ゲームの審査基準は公開しているものの、審査に関わる細部項目をはじめ審査結果や苦情処理など詳細な内容は公開していないことなどが挙げられる。

本来、メディアの自主規制はメディアの自律を向上させ、一般市民の信頼を得ることにより、公権力の表現規制に対する防波堤としての役割を果たすものと位置付けられている。とりわけ、自主規制機関が行政機関や行政独立委員会と異なる点は表現の自由と社会的責任を調整し、市民の信頼だけでなく、メディアの自律を促すことにある。この点を考慮すれば、自主規制機関の活動は表現の審査のみにとどまらず、審査の実効性と開かれた情報公開性などを担保するような体制づくりを並行していかなければならない。

結びにかえて

本稿では、韓国のゲーム審議制度に関する歴史的経緯を踏まえ、２０１６年改正「ゲーム法」によって新たに導入された自主審議制度を中心に考察してきた。既に先進国においてはゲームの自主規制が行われており、スマートフォンの登場によってデジタルゲームの流通が国境を越えるようになるにつれ、最近はグローバルレーティングシステムとして国際レーティング連合（International Age Rating Coalition、ＩＡＲＣ）が注目を集めている。ＩＡＲＣが運営するレーティングシステムは煽情性・暴力性・賭博などのレーティング検討要素を標準化し、申請者が自ら質問にチェックする方式をもってレーティングが決まるという簡素化したチェックリスト方式が採用されている。そのため、２０１６年12月末までＩＡＲＣに参加しているゲームレーティング機関は米国のＥＳＲＢ、ヨーロッパのＰＥＧＩ、ドイツのＵＳＫ、オーストラリアのＡＣＢ、ブラジルのClassIndの５つとなっており、韓国のゲーム管理委員会も２０１７年12月13日にＩＡＲＣへ加入する協約を締結した。[44]

このようなＩＡＲＣのレーティングシステムは各国の文化の差異を反映するために国別の年齢体系を反映することができ、質問項目ごとにも加重値を適用して該当国に合うレーティングを決定することができる長所がある一方、申請者の自律的なチェック方式を採っているためにレーティング結果が異なる場合も生じ得る短所も指摘されている。[45] そのため、ＩＡＲＣにおいても解決すべき課題があるものの、グローバルゲームの登場によって急変するゲーム市場に対応すると共に、ゲーム利用者のアクセス権限や事業者の表現の自由を確保するためには、日韓ともにＩＡＲＣをベースにした国際レベルのレーティング基準づくりと事業者の自主規制が積極的に推進されなければならない。

注

(1) オープンマーケットとは、個人またはゲーム制作者のゲームを登録して配布することができるプラットフォーム（Google や Apple など）を意味する。また、オープンマーケットゲームとは、個人またはゲーム制作者がオープンマーケットを通じて自由に配布または販売することができるゲームを意味する（ゲーム管理委員会ホームページ（http://www.grac.or.kr/Institution/OpenMarketPlan.aspx）参照）。

(2) 韓国のゲーム規制に関する法制度の整備過程については、ファン・スンフム「韓国ゲーム法制の歴史と展望」ファン・スンフム＝アン・ギョンボン編『ゲーム法制度の現況と課題』（博英社、2009年）2-26頁、ファン・スンフム「ゲーム規制体制の変遷過程に関する研究――韓国ゲーム法制の歴史（Ⅱ）」中央法学第11集第1号（2009年）421-456頁、チャン・ソンギョン『ゲーム物に対する公法的規制の変遷に関する研究――ゲームレーティング制度を中心に』（延世大学校大学院修士論文、2009年）7―30頁など参照。

(3) 自治体の長は、遊技場の設置場所・構造・施設または遊技の方法が公衆衛生または公衆娯楽の健全性の維持に適切でないと判断した場合は遊技場営業の許可が取り消される。

(4) 「遊技場法」は遊技場を「ビリヤード場、卓球場、ゴルフ場、ローラースケート場、シャフルボード場、棋院またはこれに類する公衆遊技施設」と規定した（第2条）。

(5) 「遊技場業法」は遊技場を「大衆娯楽のための遊技施設が設置された一定の場所」と規定する（第2条第1項）と共に、同法の施行令には遊技場の一種類として電子遊技場が規定された（第1条）。

(6) 遊技場業審議委員会は委員長1名と副委員長2名を含む10名以内の委員で構成されたが、委員の資格は内務部・文教部・商工部・保健社会部・科学技術処及び工業振興庁に属する局長または3級以上の一般職の公務員のうち当該機関の長が指定する各1名及び大衆娯楽用の遊技機器に関する専門知識のある者の中から保健社会部長官が委嘱する者となっていた。そのため、委員長は保健社会部次官となり、副委員長は公務員の資格を持つ委員の中から委員長が指名する者と規定された。

（7）すなわち、遊技機器及びその基板を製造または輸入しようとする者は当該遊技機器及びその基板について保健社会部令の定めるところにより、保健社会部長官の検査を受けなければならず（公衆衛生法第12条の2）、保健社会部長官は検査業務を関係専門機関または営業者団体に委託することができる（同法施行令第27条第1項第4号）。また、電子遊技場業の設備基準の1つとして、遊技機器は賭博性または射幸性のないものであって、保健社会部長官が告示した基準に適合すると共に、検査を受けたものでなければならない（同法施行規則第2条別表1）。

（8）キム・ミンギュ「ゲーム審議制転換の条件と文化政策的意義に関する考察」文化政策論叢第26巻第2号（2012年）178頁。

（9）憲法裁判所決定1996.10.4. 93憲ガ13、91憲バ10（併合）。

（10）ゲーム審議に関する議論はレーティング制度が導入される前から登場していた。1993年に市民団体のYMCAは青少年の健康のため、コンピュータゲームに対する国家の事前審議を義務化すべきであると主張した反面、1996年には当時の情報通信部がゲームソフトウェアの育成から政府の傘下組織が担当している事前審議を民間による事後審議制度へ変える案を提示した（シン・ヒョンドゥ「ゲーム規制政策の変化過程分析：ゲーム審議政策の変化過程を中心に」韓国公共管理学報第31巻第2号（2017年）94頁）。

（11）ただし、ゲーム提供業はゲーム施設またはゲーム機器を揃いゲームを利用して大衆娯楽を提供する営業（他の営業を経営しながら利用者の誘致または広告などを目的にゲーム施設またはゲーム機器を設置して大衆娯楽をさせる場合を含む）と定義し（第2条）、基本的な骨格は「公衆衛生法」をそのまま維持した。

（12）韓国でレーティング制度が始まったのは1997年の「映画振興法」改正によって映画から導入され、199

9年の「音ビゲー法」制定によってゲームとビデオにまで拡大した。また、「音ビゲー法」は1999年の制定時に「全体利用可」「12歳利用可」「18歳利用可」の3つの年齢区分であったが、2000年の改正時には年齢の細分化を図る観点から「15歳利用可」が追加されて4つの年齢区分となり、2006年の「ゲーム法」制定時にも維持されている。ただし、アーケードゲームは「全体利用可」と「青少年利用不可」の2つの年齢区分が今日まで維持されている。

(13) 映像物等級委員会は当初「公演法」第17条に基づいて設置され、2001年5月24日に全文改正された「音ビゲー法」第5条に設置根拠が変更された。

(14) レーティング保留制度は2001年に憲法裁判所から事前検閲として違憲判決が下された（憲法裁判所決定2001.8.30. 2000 憲ガ9）。また、ゲームの使用不可制度は18歳以上の者が使用可能なものか否かを判断するために「公衆衛生法」の下で行われてきた遊技機器に対する検査制度を継承した制度であった。しかし、2006年に制定された「ゲーム法」にはレーティング保留制度の代わりにレーティング拒否制度が導入される一方、ゲームの使用不可制度はなくなった（ファン・ソンギ「ゲーム産業振興法制定によるゲーム内容審議及びレーティング制度の変化と問題点」LAW&TECHNOLOGY 第2巻第4号（2006年）16–28頁）。

(15) 特に、ゲーム業界からは2002年5月にオンラインゲーム産業協会が事前審議の反対声明を発表して自主審議または事後審議を主張しており、同年9月には韓国ゲーム産業協会が民間の自主審議を主張してゲーム自律審議委員会の設立計画を発表した（シン・ヒョンドゥ、前掲注（10）、81–104頁）。

(16) チョ・ヨンギ「ゲーム産業振興のためのゲームレーティング審議制度の改善方案研究」サイバーコミュニケーション学報第28巻第3号（2011年）43–75頁。

(17) この事件は2004年12月にカジノのスロットマシンと似た形式として〈海物語り〉という成人用のアーケードゲームが1回に最大300万ウォンから400万ウォンまで商品券を獲得できるシステムとなっていたた

め、利用者の射幸心を煽るなど被害が続出してきたことや権力の非違嫌疑にまでつながっていたことから大きな社会問題となった（シン・ヒョンドゥ、前掲注（10）、84-85頁）。

（18）キム・ミンギュ、前掲注（8）、188頁、シン・ヒョンドゥ、前掲注（10）、81-104頁。

（19）しかし、「ゲーム法」は「ベッティングや配当を内容とするゲーム、偶然的な方法によって結果が決まるゲーム、競馬とこれを模写したゲーム、競輪・競艇とこれを模写したゲーム、カジノとこれを模写したゲーム、その他に大統領令で定めるゲームとして、その結果によって財産上の利益または損失を与えるもの」を射幸性ゲームと定義づけ（第2条第1の2号）、射幸性ゲームを違法ゲームとしてレーティング対象から除外している。

（20）法人の条件には、①最近3年間の平均売上額が文化体育観光部令で定める金額以上のゲーム制作業・ゲーム配給業またはゲーム提供業を営む者、②ゲーム産業及びゲーム文化の振興に関する業務を行う公共機関または非営利法人、③総合有線放送事業者・衛星放送事業者・インターネットマルチメディア放送提供事業者となっている（第21条の2第2項第1号）。

（21）レーティング事業者の主な業務はアーケードゲームを除いて青少年の利用可能なオンラインゲーム、コンソールゲーム、モバイルゲームに対するレーティング決定及び通報、内容修正処理、レーティング再分類対象通報及び措置である。

（22）しかし、レーティング事業者がレーティングを行った海外ゲームは他の事業者が利用者に提供できない。

（23）仲介契約を締結したゲーム関連事業者は、①レーティング事業者の措置に協力すること、②レーティング事業者がレーティングを行ったゲームをレーティング事業者でない者が流通する場合はゲーム管理委員会に通報することが義務づけられており（第21条の3第2項）、違反したゲーム関連事業者には1千万ウォン以下の過怠料が課される（第48条）。

（24）この場合、ゲーム管理委員会はレーティング事業者に遅滞なく通報しなければならず、レーティング事業者は通報を受けた日から遅滞なく措置を取らなければならない。また、文化体育観光部長官はレーティング事業者が措置を履行しない場合、是正を命ずることができ、違反したレーティング事業者には2年以下の懲役または2千万ウォン以下の罰金が処される（第45条）。

（25）文化体育観光部長官はレーティング事業者がゲーム管理委員会のレーティング調整要求を履行しない場合、是正を命ずることができ（第21条の9）、違反したレーティング事業者には1千万ウォン以下の過怠料が課される（第48条）。

（26）ただし、①に該当する場合を除いてはレーティング事業者が指定取消しの前に行ったレーティングの効力に影響を及ぼさない。また、②と③に該当する場合、文化体育観光部長官は指定取消しまたは業務停止命令の前に、レーティング事業者に対する是正方案を決めて10日以内に受諾するよう勧告もでき、レーティング事業者が是正方案に従って措置した場合は指定取消しまたは業務停止を命令しないこともできる（第21条の7第3項～第5項）。

（27）キム・ユンミョン「スマートプラットフォーム化によるゲーム自律レーティング制度の導入方案」嘉泉法学第6巻第1号（２０１３年）３１３-３４８頁など参照。

（28）憲法裁判所決定、前掲注（9）。韓国の法定機関の違憲性をめぐる憲法裁判所の判例については、拙著「青少年保護と表現規制に関する一考察」田島泰彦編『表現の自由とメディア』（日本評論社、２０１３年）２１１-２１３頁参照。

（29）シン・スンチョル「現行ゲームレーティング制度の法理的問題点と対案」言論と法第7巻2号（２００８年）３２９-３５２頁、キム・ユンミョン「ゲーム産業発展のためのゲーム産業法改善方案」法学評論第5巻（２０１５年）３１４-３３６頁など参照。

（30）憲法裁判所決定 2007.10.4. 2004 憲バ36。

(31)「ゲーム法」は、①「射幸行為特例法」や「刑法」など他の法律の規定または同法によって規制または処罰対象となる行為または機器のレーティングを申請した者、②正当な権原を揃っていない若しくは虚偽その他の不正な方法でレーティングを申請した者、③射幸性ゲームのレーティングを申請した者に対し、法定機関がレーティングを拒否する権限を認めている。

(32)ムン・ギタク「スマートフォン用ゲームコンテンツ開発活性化のための規制改善方案」法学研究第51巻第4号(2010年)211頁など参照。

(33)憲法裁判所決定2008.6.26. 2005憲マ506。

(34)現在、ゲームコンテンツ等級分類委員会は健全なゲーム文化の助成を趣旨として1998年に設立したゲーム文化財団の傘下にあり、同財団は自主規制機関の発足当時から支援をしていた。しかし、ゲーム文化財団の主な財源は寄付金として2010年にはゲーム業界が約100億ウォンを寄付して財政的に無理がなかったが、その後は事業者の寄付が消極的になり、2016年には残余予算が1億ウォン未満となっているため、年間4億~5億ウォンの予算となっている自主規制機関への財政的な支援は難しくなっている(INEWS 2016年12月15日付)。

(35)GAMEMECA 2017年9月7日付、毎日経済2017年11月30日付。

(36)DIGITAL TIMES 2017年9月19日付。

(37)田島泰彦「政府と新聞」浜田純一・田島泰彦・桂敬一編『[新訂]新聞学』(日本評論社、2009年)221頁。

(38)ファン・スンフム『映画・ゲームのレーティング』(コミュニケーションブックス、2014年)70頁。

(39)清水英夫『マスメディアの自由と責任』(三省堂、1993年)106頁。

(40)昼間たかし「ゲーム業界の自主規制CEROの審査はどんなものか」永山薫、昼間たかし編『2007-2008マンガ論争勃発』(マイクロマガジン社、2007年)146-148頁、月岡貞夫「レーティングについての提案」コンピュータエンターテインメント協会『2000CESAゲーム白書』（2000年）10頁。

(41) 昼間たかし、前掲注（40）、146-148頁、辻本憲三「CESA会長時代を振り返って」コンピュータエンターテインメント協会『2007CESAゲーム白書』（2007年）4-6頁。

(42) また、CEROは設立当初から4段階の年齢別レーティングを行ってきたが、神奈川県が2005年6月に全国で初めてテレビゲーム『グランド・セフト・オートⅢ』を有害図書類に指定したことを機に自治体レベルで同ゲームや類似ゲームを有害図書類に指定しようとする動きが相次いだため、2006年5月に「17歳以上」を新たに設けると共に、青少年に対する販売・頒布をしないことを前提とする「Z」区分を新設した。CEROについては、渡邊和也「我が国の家庭用ゲームソフトの年齢別レーティング制度誕生物語」コンピュータエンターテインメント協会『2010CESAゲーム白書』（2010年）2-15頁、NPO法人コンピュータエンターテインメントレーティング機構「レーティング制度の趣旨と改訂について」平成18年1月31日、松坂規生「家庭用テレビゲームの新しい販売自主規制」警察公論61巻8号（2006年）47-54頁など参照。

(43) 放送レポート編「表現の自由を脅かす『青少年有害環境対策基本法案（素案）に反対するアピール』」放送レポート165号（2000年）67頁。

(44) バク・ウソク「海外レーティング機関の現況――国際レーティング連合（IARC）」ゲーム管理委員会『2017ゲームのレーティング及び事後管理年鑑』（都市デザイン研究所、2017年）204-207頁、電子新聞2017年12月14日付。

(45) イ・ゾンベ「海外ゲームレーティング制度の最新動向」GameWE Vol.3（2015年）50-51頁。

第４章　表現の自由と「政治的中立性」

城野一憲

はじめに

近年、市民団体が企画した講演会や展示会に対して、自治体がその後援を拒否したり、取り消したりする事例が全国で相次いでいる。[1] 講演などの中で憲法改正や原発、安全保障といった論争的なテーマが取り扱われることについて、それは「政治的である」とか、「偏向している」といった評価がまずなされた上で、自治体自身やその施設の「政治的中立性」に配慮をして後援をしないという、ある程度共通した構図が存在している。

鹿児島市においては、市の主催する市民向けの無料のヨガ講座の講師を務めていた民間人の女性が、講座の行われていた市の施設への行き帰りの際に、「反核」という文字が記された私服を着用していたところ、次年度からの講師の更新を打ち切られたという事件が起こっている。(2)報道によれば、市の施設の館長は、女性に対して、「特定の政治的主張と受け取られかねず、市の講座としてふさわしくない」、「着なければ契約を更新する」と告げたが、女性は「「反核」がなぜ政治的主張なのか」、「表現の自由を侵す対応で納得できない」として、その要請を断った。館長は、市の事業には「高い政治的中立性」が求められるとして、その一存で、次年度からの講師の依頼を取りやめたという。この女性は、講座の講師を務めるときには、メッセージの記載されていないスポーツウェアに着替えており、また、講座の受講者から市や施設の館長に対して苦情が出されるなどのトラブルがあったというわけでもないという。

「政治的中立性」の維持を理由にした表現活動の制約は、学校においては、より一般的である。本稿の第2節でもやや詳しく検討するが、18歳選挙権の実現を受けて、文部科学省は、高校生の政治活動の全面的な禁止を推奨するそれまでの姿勢を転換し、高校生の政治活動の自由を尊重することを建前とする新たな方針を示した。しかしその実態は、高校が生徒の政治活動を禁止、制限することを引き続き広く許容するとともに、その正当化理由として、学校や教員の「政治的中立性」を強調するものとなっている。そしてこの方針が、実際の学校現場でも受容されているということは、ある程度の実証もなされている。(3)

これらの事例や状況を捉えて、「政治的中立性」という言葉の「マジックワード」化が、様々なところですでに指摘、懸念されている。(4)筆者の見るところ、この問題は、立憲主義の危機や監視社会の進展、日本社会における同調圧力の強さ、2017年の流行語ともなった「忖度」など、より大きな問題状況の各論として位置付けられ、市民の表現活動を制約しようとする側が持ち出してきている「政治的中立性」の維持という理由付けや原理は、一種の方便であると受け取られているような印象も受ける。(5)その一方で、「政治的中立(性)」という言葉は、法令や重要な判例の中に、一定の規範的な意味を持ちながら記述されており、また、表現の自由理論において、「政治的中立性」の概念が様々な機能を担っていることも事実である。(6)したがって、今日、「政治的中立性」という言葉を用いることで、市民の表現活動を制約することが十分に正当化、当然視されるという発想がより強固なものとなりつつあるとすれば、表現の自由との関係で「政治的中立性」という概念が果たしている機能を、まずは明らかにしておく必要があると思われる。

1 公務員の政治活動制限と「政治的中立性」の機能

法令の中に、特に表現の自由との関係において「政治的中立性」という言葉が明記されている例として、地方公務員法36条5項と、日本国憲法の改正手続に関する法律(国民投票法)の一部改正法(平成26年法律75号)の附則第4を挙げることができる。(7)これらの条項はいずれも、表現の自由の一部分を成している政治活動の自由について、国家公務員法や地方公務員法、人事院規則などによって構成されている日本の公務員法制が、公務員の「政治的中立性」の確保のために、極めて広範かつ厳格な制限を課していることに対応している。

周知のように、公務員の政治活動に刑事罰を課すことの憲法適合性と違憲審査基準のリーディング・ケースである1974年の猿払事件上告審判決[8]は、公務員の「政治的中立性」の維持を重視し、個々の公務員の職種や地位、職務遂行上の権限、政治活動の行われた態様を問わず、一律に国家公務員の政治活動を制限する日本特有の公務員法制[9]を全面的に合憲と判断した。2012年に最高裁第2小法廷は、政党の機関紙を、休日に、公務員であることが認識されない状態で、単独で、集合住宅において配布していた、厚生労働省の課長補佐という管理職的地位にあった被告人に有罪を、政党機関紙の配布の態様は類似しているものの、被告人の地位が業務に裁量の余地のない社会保険事務所の年金審査官であった事案について無罪判決を、それぞれ示している(以下、本稿では、前者を「世田谷事件[10]」、後者を「堀越事件[11]」、二つを総称して「国公法二事件」と呼ぶ)。

控訴審において、堀越事件は無罪、世田谷事件は有罪と判断が分かれたにもかかわらず、大法廷回付と弁論をいずれも行わないまま第2小法廷が判決に臨んだため、以前から学界において批判があった猿払事件上告審判決の論理を維持しつつ、類似した二つの事件をどのように最高裁が処理するのか、という点に注目が集まっていた。結果的に、第2小法廷は、学界が関心を持ってきた、規制目的の正当性、規制目的と禁止行為との合理的関連性、利益衡量の三要素から成る、いわゆる猿払基準には触れず、公務員法制が規制の対象としている公務員の「政治的行為」の意味の方に注目し、それを「公務員の職務の遂行の政治的中立性を損なうおそれが実質的に認められる政治的行為」に限定解釈することで、「管理職的地位になく、その職務の内容や権限に裁量の余地のない公務員によって、職務と全く無関係に、公務員により組織される団体の活動としての性格もなく行われたものであり、公務員による行為と認識し得る態様で行われたものでもない」「本件配布行為は本件罰則規定の構成要件に該当しない」として、堀越事件控訴審判決における無罪を維持した。(12)

長岡徹は、猿払事件上告審判決が強調した「公務員の政治的中立性」という「媒介概念」に注目した上で、国公法二事件上告審判決は、この概念を排し、「公務員の職務遂行の政治的中立性」を求めたことによって、「公務員の政治活動の自由」、すなわち、公務員の市民(国民)としての政治活動の自由を認めた上で、この自由と「行政の中立性」と国民の信頼とを比較衡量したものであると評している。(13) なお、「行政の中立性」とは、別稿において、「非政治的公務員が、法治主義の原則により法律の執行という意味で議会の意思に従属しながら、党派性を有する内閣の政治意思にも従属することによって実現されるもの」と説明されている。(14)

駒村圭吾は、国公法二事件上告審判決が、日本国憲法15条と21条、すなわち、「統治の論理」による公務員の全体の奉仕者性と、「権利の論理」による一人の国民とを対抗させ、「公務員を組織的分子から個人へと生みなおし」た、「ランドマーク的判決」である可能性を、一定の留保を付した上ではあるが、指摘している。[15] 猿払事件上告審判決と国公法二事件上告審判決が言うように、公務が「憲法の定める我が国の統治機構の仕組みの下で、議会制民主主義に基づく政治過程を経て決定された政策を忠実に遂行」するためのものであるとしても、そうした「立憲民主政の政治過程にとって不可欠の基本的人権」の一つが政治活動の自由であると考えるのであれば、「権利の論理」と「統治の論理」は、その対抗関係を超えて、一人の人間の中で市民としての公務員と全体の奉仕者としての公務員とが両立することによって、調和することも可能かもしれない。

もっとも、すでに指摘したように、国公法二事件上告審判決が示された後の2014年に「公務員の政治的中立性」（傍点は筆者による）という文言が、今後の公務員法制における政治活動制限の制度設計の文脈で改めて規定されたという事実は、重く受け止められなければならないだろう。[16]

猿払事件上告審判決から、国公法二事件上告審判決への移行は、そこでの「政治的中立性」の概念の機能を、どのように変化させたのであろうか。前者におけるそれは、その是非は別として、容易に理解可能である。猿払事件においては、地区労働組合協議会事務局長を務めていた被告人が、協議会の決定に従って、日本社会党の公認候補者の選挙ポスターを掲示・配布したことが処罰されている。ここで「公務（員）の政治的中立性」[17] は、最終的には全国規模の政党や政治結社に連なっている労働組合や職員団体が、一定の運動方針の下で、その構成員を動員して行わせている政治活動から、公務員は距離を置かなければならないということを意味している。ここでは、「公務員の政治的中立性」の維持を通じて実現し、排除しようとするもの、「政治的中立性」の対抗物が、はっきりと存在している。

戦後日本の公務員法制の設計に強い影響力を行使したブレーン・フーバーの見立ての通り、55年体制における自由民主党と社会党の擬似的な二大政党制や、それらと結びついた官公労を含む労使の対抗関係といった、日本特有の公務員法制の立法事実を支える状況は、ある程度継続して存在した。これに対して、国公法二事件の現在では、猿払事件当時のようなかたちで「公務員の政治的中立性」が問題になるような事案は、ほとんど想定することができない。前述したような日本特有の公務員法制の合理性を基礎付けていた立法事実を過剰なまでに肯定して見せた猿払事件上告審判決に比べて、現在の、それも規制される「政治的行為」の意味が限定された公務員法制が、如何なる立法事実に支えられているのか、「公務員の（職務遂行の）政治的中立性」の維持とは具体的にどのようなことを公務員に対して命じているのかが、国公法二事件上告審判決それ自体の中では、全く明らかにされていない。

類似した二つの事案の結論を分けたのは、本省勤務の総括課長補佐と窓口業務を担う年金審査官という、被告人の公務員としての地位の違いであった[18]。しかしこの地位の違いは、あくまで総合的な判断に用いられる一つの要素に過ぎず、猿払事件上告審判決におけるほど明確な判断要素を公務員に対して提供しているとは言い難い。

そもそも、「公務員の職務遂行の政治的中立性」、言い換えると、能率的な公務のための公正かつ適正な職務の遂行は、現在では、行政不服審査法や行政手続法、補助金適正化法、情報公開法制、国家公務員倫理法といった、猿払事件の当時には存在していなかった、あるいは、今よりもはるかにその実効性が乏しかった法令によって、より直接的に担保されるようになっている。[19] この点は、「行政の中立性」や「公務員の政治的中立性」の原理が高らかに謳われる一方で、その実、不透明で非制度的な枠組みの中で現実の政治や行政が営まれていた55年体制の時代とは、著しい対照性を見せている。堀越事件控訴審判決は、猿払事件上告審判決における立法目的とその達成手段（政治的行為の禁止）の合理的関連性の認定は、「当時の時代的背景や社会的状況」を前提としたものであり、そうした「政治的・社会的状況や国民の法意識が変化した現状」では、説得的ではないことを指摘している。この「国民の法意識」論については、その不可逆性を懸念する見解もあるけれども、より重要なのは、こうした状況が、公務員や国民の「法意識」のレベルだけではなく、前述したような各種の法令や行政訴訟、マス・メディアによる報道などを通じて、すでに制度的にも多重に担保されていることである。[20] そして、もしこうした公務の公正さの確保が、逆方向に転回していく状況があるとすれば、それはもはや表現の自由理論によって考察されるべき段階を超えてしまっている。

こうして見ると、国公法二事件については、それを検討するときに採用されるべき理論的な枠組みの時点で、齟齬があったのではないだろうか。2000年代に入り、30数年ぶりの国公法102条等違反事件の立件を受けて、猿払事件上告審判決をめぐる学説の議論は、再び活況を迎えたが、その背後には、特に「三段階審査」論をめぐる「憲法訴訟論の再活性化」[21]と、おそらくそれと相互に作用しあう法科大学院制度の創設があったことは疑いようがない。しかしこのことは、公務員の職務遂行の適正化が制度的にも担保され、また、公務員法制が本来想定していた状況が変化したことによって、公務員の「政治的中立性」の確保のために公務員の政治活動に刑事罰を課すという日本特有の公務員法制の前提をなす立法事実が消失しているという、より重要な論点を、精緻な違憲審査基準論の背後に押しやってしまっていたのではないだろうか[22]。

自由を原則とし、規制を例外とするなら、理論的には、「政治的中立性」の対抗物が消失し、それが目的とするものが他の法令や制度によってより実効的に担保されているのであれば、「政治的中立性」の維持のための政治活動制限も縮小あるいは消滅していかなければならないはずである。堀越事件の結末には、確かに、一定の縮小と、政治活動の余地の拡大が、長く続いた監視や捜査、訴訟の結果ではあるけれども、一応は認められる。その一方で、私的な表現活動に対して刑事罰を課してまでも維持されなければならない「政治的中立性」という構図自体は温存されてしまっている。

前述したように、今回、公務員としての地位が結論を左右したことは偶然の産物に過ぎず、何が「公務員の職務遂行の中立性」という価値を、刑事罰が発動されるのを許容する程に損なうのかは、判然としていない。したがって、公務員の政治活動制限の文脈における「政治的中立性」の機能は、具体的な対抗物を伴う、ある程度定型的な行為規範の指標から、「立憲民主政の政治過程にとって不可欠の基本的人権」を制限することさえ正当化する程の、それ自体が何か高度な価値を有するものへと変容を遂げつつある。

2　高校生の政治活動制限の文脈における「政治的中立性」の機能

「政治的中立性」の機能は、教育法の領域においても変容しつつある。国公法二事件上告審判決の二年後に制定された法律の中に、「公務員の政治的中立性」という文言が改めて挿入されていることは、すでに指摘した通りである。やはり国公法二事件上告審判決後に作成された、高等学校の教員向けの指導資料「私たちが拓く日本の未来：有権者として求められる力を身に付けるために（活用のための指導資料）」（以下、「未来（指導用）」と言う）の中にも、「公務員の政治的中立性」を示唆する記述が存在している。[23]

「未来（指導用）」の中では、模擬選挙や模擬請願、模擬議会といった、副教材の活用の具体的方法についての記述の後に、「指導上の政治的中立の確保等に関する留意点」として、教員自身の政治活動の制約だけではなく、「政治的に対立する見解がある現実の課題（現実の具体的な政治的事象）」を授業などの場面で扱う際の留意事項も詳細に記されている。これによると、教員を含む公務員の政治活動制限の正当性は、「公務員は、全体の奉仕者であって、一部の奉仕者ではなく、公共の利益のために勤務すべき職責があり、その政治的中立性を確保するとともに、行政の公正な運営の確保を図る必要がある」ことに求められている。ここで「その政治的中立性」という文言から、「公務員の政治的中立性」だけではなく、公共の利益に仕える公務員としての職責上の「政治的中立性」、いわば、「公務員の職務遂行の政治的中立性」の含意を読み取ることは、一応、不可能ではない。もっとも、学校や教員は、「政治的中立」をその名に冠した唯一の法律でもある、義務教育諸学校における教育の政治的中立の確保に関する臨時措置法（昭和29年法律157号）の存在に象徴されているように、これまでも厳しく職務遂行上の「政治的中立性」を求められ続けてきた。そしてこの「政治的中立性」の要請は、学校や教員だけではなく、学校管理権者の絶大な権限にも支えられながら、在校生である生徒の政治活動制限を正当化するようにも機能している。端的に言えば、「教育基本法第8条[24]により、学校内外における生徒の一切の政治活動を禁止する」という校則が存在する[25]。

高校生については、これまで、その未成年者性と非有権者性、学校の在校生としての地位に基づいて、校則によってその政治活動を禁止、制限することが奨励されてきた。ただしこれが、学生運動や「高校紛争[26]」といった、公務員や教員の政治活動制限の場面における労働組合や職員団体と関わる政治活動のような、一定の時代状況に裏打ちされた対抗物を伴っていたことは、高校生の政治活動制限を許容、推奨する文部省（当時）の通知「高等学校における政治的教養と政治的活動について」[27]（以下、「S44通知」と言う）が、東京大学の入試が中止された年の1969（昭和44）年に発出されたことからもあきらかである。

18歳選挙権の実現や、まもなく実現することが予想される民法上の成人年齢の引き下げという事情は、非有権者性や未成年者性から生徒の政治活動制限を正当化するS44通知の論理構成の維持を困難なものにした。2015（平成27）年に文部科学省は、S44通知を廃止し、生徒の政治活動を部分的に許容する新たな通知「高等学校等における政治的教養の教育と高等学校等の生徒による政治的活動等について」[28]（以下、「H27通知」と言う）を発出した。[29]本稿との関係では、H27通知の中では、「政治的中立性」に言及する箇所がS44通知から倍増していることが重要である。[30]

前述した「未来（指導用）」もまた、基本的には指導に当たる教員が留意するべき事項を示すものであるけれども、そこでは、再三にわたって以下のようなことが提示されている。すなわち、「政治的に対立する見解がある現実の課題については、種々の見解があり、一つの見解が絶対的に正しく、他のものは誤りであると断定することは困難であるとともに、一般に政治とは自分の意見を持ちながら議論を交わし合意形成を図っていくことが重要であることから、一つの結論を出すよりも結論に至るまでの冷静で理性的な議論の過程が大切であることを理解させること」、「教員は中立かつ公正な立場で指導することが必要であること」、「特定の事柄を強調しすぎたり、一面的な見解を十分な配慮なく取り上げたりするなど、特定の見方や偏った取扱いとならないよう指導することが必要であること」、「そのような事柄を取り扱うに当たっては、学校の政治的中立性を保ちつつ、生徒が個人として多様な見方や考え方の中で自分の考えを深めるとともに、学級内で冷静で理性的な議論が行われるよう留意することが求められます。具体的には、一つの主張に誘導することを避け、生徒の議論がより深まり、議論の争点についてその背景や多様な意見が見出せるよう、国会等において議論となっている主要な論点について、対立する見解を複数の新聞や国会等における議事録等を用いて紹介することなどにより、偏った取扱いとならないように留意するとともに、新たに生じた重要な論点についても取り扱うことが求められます」である。これらの記述に忠実に従った教員が行う指導の場では、教員だけではなく、生徒の側においても、「政治的中立性」に配慮した態度を自らがとることへの強い誘因が発生することが十分に予想できる。

H27通知などを受けて、多くの高校は、生徒の政治活動を広範に制限していた校則の見直しに着手している。鹿児島県の高校については、校内における政治活動や「違法・暴力的」な政治活動を全面的に禁止するとともに、校外における政治活動は一定の程度で許容するという立場が、比較的多くの高校等で採用されている。注目するべきは、そうした新しい校則を運用する上で、実際の学校現場の多くが、休日や放課後に生徒が校外で行う政治活動についても、仮にそれが学校による政治活動であるとか、学校や教員が支持する政治活動であるとみなされる可能性がある場合には、やはり制限や禁止の対象になると考えている点である。H27通知や

「未来（指導用）」において、「政治的中立（性）」という言葉やそれに連なる発想が多用されていることをふまえれば、こうした学校現場の姿勢はごく自然な結果であると思われる。

そもそも、現代日本の高校生が、「高校紛争」の時代のような「違法・暴力的」な政治活動と関わる蓋然性は非常に乏しいし、政治活動（のみ）に夢中になるあまりに学業が疎かになるという光景も想像しづらい。こうした認識は、H27通知の策定段階で、文教政策の当局者からも実際に示されている。[31] ここには、以前は存在した対抗物が無くなり、また、未成年者性や非有権者性という政治活動制限の正当化理由が後退する中で、政治活動を制限する校則を維持していくために、学校が「政治的中立性」の原理により依存を深めているという事情が示唆されている。[32]「政治的中立性」を維持すること自体が、何か高度な価値を持っているもののように把握される、先に検討した現在の公務員法制と同様の状況が示されている。

教員向けの「未来（指導用）」だけではなく、生徒向けの「未来」にも、その巻末の「参考編」の中で、「学校における政治的中立の確保」の要請が記載されていることは、現代日本の若い世代が「政治的中立性」に一定の価値を認めているように思われることと、無関係とは言えないのではないだろうか。[33] 彼彼女らの間では、特に公共的な空間や場面において、個人的な主義主張や党派的な見解を殊更に強調して示したり、そうしたものに従って行動をしたりすることは好ましい態度ではないという考え方が、一定の支持を得ているように思われる。[34]

こうした考え方は、日本の憲法秩序にとって根本的であり、かつ、「日本国民の総意に基づく」とされている天皇制のあり様は「静かな環境」で議論されるべきと主張する人々の発想とも、共通するところがあるのかもしれない。こうした情景の行きつく先（それはすでに到来している可能性も否定できない）は、細分化され分断された無数の私的な領域と、制度化され職業化した公的な政治の領域の間に存在する広大な領域、いわば公共的な空間が、「政治的中立性」の維持という高度な価値を持つとされるものによって、政治的、論争的な問題を扱うことができない荒野と化した社会である[35]。

教育の領域においては、この真空地帯と化しつつあるところに、あえて特定の価値や見解を充填しようとする取り組みが、すでに政府によって始められている。「政治的中立性」や「偏向教育」といった言葉を振りかざして行われる批判に直面した学校現場が、現実的に頼りにできるのは、政府がその内容をコントロールすることが可能な、検定教科書や副教材、選挙公報や市報などである[36]。

文部科学省は、「教科書の記述が客観的で公正なものとなり、かつ、適切な教育的配慮がなされていること」を確保するために、社会科の教科書の中に、政府見解や最高裁判例を明記することを求めている[37]。国旗・国歌法の制定や学習指導要領等における明確な位置付けに基づいた、学校の式典における国旗の掲揚と国歌の斉唱もまた、特定のメッセージの発信と制約を伴っている。入学式におけるピアノ伴奏の職務命令に従わなかったことによって課された懲戒処分の合法性・憲法適合性をめぐる君が代ピアノ伴奏事件上告審判決[38]において、公務員の「全体の奉仕者」としての性質から、職務命令の正当化を導いた多数意見の論理は、職務遂行に忠実な（したがって、「中立的」な）公務員と、政府「公認」の思想の伝達者としての公務員との重なり合いを示している。

これは結局、「政治的中立性」の原理を持ち出すことによって特定の主題や内容の表現活動を予め排除した上で、あるいはそれと並行して、政府や多数派、多数派を自認する人々が「公認」する思想を流布していくという手法である。[39] いまや特定の内容の思想や見解（例えば、「反核」）に対する攻撃は、それらを批判的に論難すること（例えば、伝統的に原子力政策を推進してきた人々が言うような、原子力発電には経済的な恩恵があること、核抑止による平和があり得ること、適切に「コントロール」できる、といった主張）によってではなく、それが論争的であること、つまり、それと対立する思想がある（あり得る）ということを示すことによっても効果的に遂行される。そこに争いがあることだけを理由に、特定の思想や見解を公共的な空間から排除することが可能であるという考え方は、上尾市福祉会館事件上告審判決[40]やプリンスホテル宴会場使用拒否事件[41]といった集会の自由に関わる事例の中にもあらわれている、いわゆる「敵対的聴衆の法理[42]」や、より原理論的な色彩を帯びる「思想の自由市場」の考え方とも調和しない[43]。

こうした状況もまた、第２節で検討された公務員の政治活動制限の文脈と、実際には類似している。警察官舎への政党機関紙の配布が端緒となった世田谷事件が、当初、国公法違反ではなく、取締当局の側の認識では、防衛庁（当時）の官舎への立入をめぐる立川反戦ビラ配布事件[44]と同様の住居侵入罪であったこと、堀越事件は、特定政党の主張や行動に対する公安警察による監視の延長線上にあったことは、その経緯からもあきらかである。特に世田谷事件第一審判決の中で用いられている、「起訴価値」という言葉と並べられた、独特であまり用いられることのない「捜査価値」という言葉は示唆的である。国公法二事件は、住居侵入罪や国公法違反という一般的な法令の違反事件であるけれども、特定の、そして政府「公認」のものとは正面から対立するような内容の表現活動を狙い撃ちにしながら、その制限の正当化原理として「政治的中立性」が提示された事案とも言うことができる。

3 「政治的中立性」の過剰と「政府言論」の過剰

こうした問題状況を、「政治的中立性」の機能という点から検討すると、以下の二つの問題が析出される。

第一の問題は、「政治的中立性」の過剰である。これは、組合運動や学生運動といった、相応の合理性を「政治的中立性」の原理に提供していた対抗物の消失・縮小や、18歳選挙権の実現、公務員の職務遂行の適正さを担保する法制度の発達といった立法事実の根幹と関わる状況の変化にもかかわらず、「政治的中立性」の原理だけがそのまま維持されているために出現した、いわば、相対的で膨張的な過剰である。これに対して、以前に存在したような対抗物が、今後出現しないとも限らない、すでにその萌芽はあるのだ、という主張がなされるかもしれない。危険や不安の抽象化と、その対策の過剰な強化は、いまや法や政治の領域では普遍的な現象となっている。しかしながら、公共的な空間における自由な表現活動や表現の場が持つ民主主義社会を維持していく上で不可欠の効用をふまえれば、「政治的中立性」の原理がなお必要であるとしても、それは、より具体的で実証可能な危害を対抗物とする限りで認められるべきものである。

当初想定されていた危険な「敵」が解体され、立法の基礎をなす事情が大きく変化したにもかかわらず、その適用が際限なく拡大されていく光景は、奥平康弘が「法の化物《ばけもの》」(45)と呼んだ治安維持法の末期の状況と共通するところがある。そして同時に、国家総動員体制の構築や、明治憲法や選挙法の理念を踏みにじる翼賛選挙などを通じて、1925年の制定時の治安維持法が守ろうとした「国体」や「私有財産制度」が崩壊していく中で、恣意的に拡大適用されていった治安維持法の姿もまた、現代日本における「政治的中立性」の機能と共通するものがあるようにも思われる。職階制の正式な廃止や、内閣人事局の創設、政治任用ポストの増加、そして、民営化や独法化、幹部職員の民間企業との「人事交流」、アウトソーシングの多用化などの事情は、「政治的中立性」の原理が本来仕えるべき公務員法制が、もはや大きく変容しているということを意味している。こうした状況において、頑なに、一般職の公務員に対して政治活動を理由に刑事罰を課そうとし続けようとすることは、比例性を欠いた、過少な規制になっていると思われる。私的な表現活動に対してまで「政治的中立性」を求めることは、現代の日本では不必要、不均衡と言うべきである。

これに対して、依然、政府自身の「政治的中立性」、「政府の中立性」が問題だ、という主張がなされるかもしれない。実際には、「政治的中立性」が標榜されるほとんどの事例では、「政府の中立性」が仮装されながら、その実、政府「公認」の思想や見解が提示されていることは、すでに指摘した通りである。これを真剣な理論的検討の対象にすることには、あまり意味が無いのかもしれない。しかしながら、「政府の中立性」というテーマは、特にリベラリズムとの関係でも論じられてきている。[46]「リベラルな国家の中立性」という問題についてのより一層の考察は、今後の課題としたいが、以下では、司法審査の枠内での表現の自由の保障との関係で、「政府の中立性」の原理について、若干の整理を試みたい。

確かに、表現の自由理論において、「政府の中立性」の原理には、一定の意義が認められている。例えば、表現の内容に関する規制と、表現内容に中立的な規制について、前者にはより厳格な基準を用いた司法審査を行うべきであるとする考え方は、政府が特定の主題や見解を優遇したり、抑圧したりするとき、すなわち、政府が表現の内容に中立的ではない規制をするときに、自由な表現活動は危機に陥るという命題と結びついている。特にアメリカにおける公的言論助成をめぐる司法判断では、人工妊娠中絶への言及[47]や活動の宗教的な性質[48]、「品位と尊重[49]」といった要件に基づいて、公的な助成や支出の制限をすることの憲法適合性が、「政府の中立性」を軸にして検討されてきたことは、よく知られている。[50]しかしこれらの事例は、選択的な支出や給付を行おうとする政府に対して、表現活動の促進のために、「政府の中立性」を要求しようとしたものである。例えば、1995年のRosenberger判決の事例は、州立大学が学生の課外活動向けに設置していた助成プログラムの中で宗教的活動への助成が禁止されていたために、その出版活動のための費用に助成を受けることができなかった学生団体が、大学側に対して、そうした差別的な助成は修正1条に違反すると主張して提起したものである。こうした問題状況は、ここまで見てきたような、「政治的中立性」を標榜する政府によって、実質的には特定の内容の表現活動が公共的な空間から排除されている日本の状況とは、大きく異なっている。

近年の「政治的中立性」の原理が提示されている状況は、本来政府とは別個の主体のものである表現活動を、それが行われる場面やその主体の性質に基づいて、政府自身の表現活動へと読み替えた上で、当該の主体や表現活動に対して一定の譲歩を要求し、同時に、政府の志向する表現への同意や協力を求める、というものである。そしてこれが、必ずしも法令の明文の根拠に拠らず、あたかも自明の政府の権限の行使であるかのように認識されていること[51]から、これを「政府言論（government speech）」の問題として把握することが最も適切であると思われる。[52]

表現の自由理論の中で、伝統的な「検閲者としての政府」とは異なる「言論者としての政府」を主題化する試みは、古くはゼガライア・チェイフィーの時代から存在していたが、これが連邦最高裁の判例法理の中に位置付けられたのは、1990年代の公的言論助成をめぐる司法判断の中であった。[53]「政府言論」や「言論者としての政府」の概念もまた、表現の自由理論との関係においても、非常に多義的であるが、連邦最高裁の「政府言論の法理（government speech doctrine）」は、概ね以下のようなものである。すなわち、政府が「言論者としての政府」として振る舞う場面では、「検閲者としての政府」や「（私的主体に対する）言論助成者としての政府」として振る舞う場合とは異なり、観点・内容上の中立性は要求されない。連邦助成を受領する医院が人工妊娠中絶に関する助言を行うことを禁止することを合憲と判断したRust判決と、大学による助成プログラムの対象から宗教的活動を除外したことが違憲とされたRosenberger判決とを区別するとき、連邦最高裁は、前者は、政府自身の設置したプログラムに関連するメッセージを伝達するために私的主体が用いられた事例であり、後者は、私的主体の表現活動の多様性を政府が促進するための事例であるとした。このことは、続く2001年のVelazquez判決[54]でも確認され、その後、この「政府言論の法理」は、畜産業者に課される分担金を原資とした広報活動をめぐる2005年のJohanns判決[55]や、市の管理する公園へのモニュメントの設置をめぐる2009年のSummum判決[56]でも適用され、その憲法判断の結果を左右している。

アメリカにおける表現の自由の保障は、政府による観点・内容に中立的ではない差別的な表現規制に対して、いわゆる「厳格審査[57]」を適用することによって実現されてきたという面がある。そのため、政府による助成や場の管理を媒介にして、観点・内容に中立的ではない規制が許容されるという「政府言論の法理」の出現は、アメリカにおける修正1条解釈に難しい問題を投げかけている。横大道聡は、「政府言論の法理」についての緻密な分析をふまえて、その憲法的統制の手段として、「政府言論」の受け手の側がその「政府言論」性を認識可能にする「顕名」の要請や、助成を受ける制度や主体の果たすべき機能に注目することを挙げている[58]。政府が自らの立場を主張することが民主的な自己統治過程にとって不可欠であるなら、それゆえになお、「政府言論」は、私的な表現活動が確保され、民主的な自己統治のプロセスが機能していることで初めて正当化される。

4　結節点としての「九条俳句」事件

いわゆる「九条俳句」をめぐる事件は、本稿がここまで検討してきた「政治的中立性」と表現の自由をめぐる様々な論点の、一つの結節点となっている。

さいたま市の市立地区公民館である三橋公民館は、2010年末頃から、地域住民で構成され、三橋公民館をその活動のために利用している俳句サークルとの間で、同サークルの会員の互選によって推薦された俳句（秀句）を、公民館報に掲載する合意（掲載合意）を結んでいた。[59]２０１４年6月に、同サークルの会員であり、後述する国賠訴訟の原告でもある女性の作った、「梅雨空に「九条守れ」の　女性デモ」（以下、「九条俳句」と言う）が秀句として選出されたところ、公民館側は、公民会報への「九条俳句」の掲載を拒否した。当初、公民館側は、掲載拒否の理由として、①社会教育法23条1項2号が、公民館は「特定の政党の利害に関する事業」を行ってはならないと規定していること、②さいたま市広告掲載基準[60]４条（１）エが市の広告媒体に掲載することを認めていない、「国内世論が大きく分かれているもの」に「九条俳句」の文言が該当することの二点を挙げていたが、後日これを撤回し、以下のような理由を改めて提示した。曰く、公民館報は「公民館の事業や地域の活動を広報することを目的とし、公共施設である公民館が責任を持って編集・発行している刊行物でありますので、公平中立の立場であるべきとの観点から、掲載することは好ましくないと判断した」（傍点は筆者による）という。

この掲載拒否に対しては、「九条俳句」の作者の女性によって、公民館報への掲載と国家賠償を求める訴訟が提起されている。[61]２０１７年10月13日には、第一審のさいたま地方裁判所が、掲載合意の法的拘束力や学習成果の発表の自由、パブリック・フォーラム論などに基づく原告側の主張を退けつつ、「九条俳句」の文言や原告の思想信条を理由とした不公正な取扱いによって、原告の有していた公民館報に自身の作った俳句が掲載されることへの期待が侵害されたとして、被告のさいたま市に対して国家賠償を命じる判決を示している(62)。

現時点であきらかになっている事情からは、この「九条俳句」事件の中には、「公務員の職務遂行の政治的中立性」、学校教育における「政治的中立」、「政府の中立性」、そして、「政府言論」といった、本稿が検討してきた全ての論点が含まれている。

２０１４年当時の状況で「九条俳句」の掲載を拒否することが、集団的自衛権行使を容認する立場に公民館が与していることを示し、集団的自衛権行使に反対する立場の者との関係では、かえって不公正な、信頼を欠く姿勢を意味する可能性を、掲載拒否にあたって公民館側が全く検討していなかったことの問題性は、地裁判決が指摘している通りである。より重要なのは、そうした不十分な検討しか行われなかったことの背景事情として地裁判決が指摘する、公民館の館長や主事らの「憲法アレルギー」なる現象である。周知のように、公民館などの社会教育や生涯教育（生涯学習）のために設置される施設の管理・運営に携わっているのは、公立学校の教員としての経験を持つ人々であり、実際に、「九条俳句」事件と関わる公民館側の職員はいずれも、教員や教頭、教育委員会の事務局職員としての勤務を経験している。そうした人々にとって、国の、その当代の「政府」見解に対してはっきりとした異議を差し挟むように見える人々や言論は、中立・公正が維持されるべき公共的な空間に入り込む、まさに「アレルギー」物質なのであり、そして、アレルギー反応がまさにそうであるように、その内容的、方法的な正邪や是非とは無関係に、合理的な検討や根拠に基づかなくとも、「公平中立」、「政治的中立」な自身の職務遂行を通じて、早急に退治するべき（形式的な理由は後から適当に見つけてくる）ものであるということになる。確かに従来から、政治的、社会的な論争のあるテーマを扱う集会と公共施設の利用をめぐる問題は、裁判でも争われてきている[63]。しかしながら、裁判所の判断を見る限り、従来の事例における使用拒否の実質的な理由は、暴力的な活動を行う団体の介入による集会場やその周辺の混乱を恐れた、管理運営上の支障の方に重点があったことが推認される。したがって、「政治的中立性」は、使用拒否の形式的な理由としての地位を与えられているに過ぎず、「政治的中立性」や「憲法アレルギー」が実質的な理由として登場するようになっている、現在の「九条俳句」事件とは、事情が異なっている。

「九条俳句」事件は、本稿の冒頭でも紹介したような、公共的な空間やプログラムの管理権を媒介として、「政治的中立性」の名のもとに自由な表現活動の余地が狭められていくことに対して、裁判所がどのように取り組んでいくのかを示す試金石になると思われる[64]。仮に、こうした「アレルギー」反応による表現活動の抑制が、いかなる意味においても正当化されることがあるのであれば、異説や反論を含めた多彩な表現活動が、私的な領域や制度化された議場の中だけではなく、公共的な空間においても確保されるべきであるということを前提として構築されてきた戦後の日本憲法学における表現の自由理論は、解体的な再検討を迫られることになるだろう。

注

(1)「原発・憲法催し、相次ぐ自治体後援拒否 「中立」へ配慮」朝日新聞2016年10月8日

(2)「「反核」Tシャツで講師依頼打ち切り」毎日新聞2016年4月14日、「鹿児島市主催 ヨガ講座 「反核」私服で契約拒否 「政治色」を問題視 講師「表現の自由侵す」」西日本新聞2016年4月12日、「2・政治的中立/施設利用の規制相次ぐ(連載[憲法公布70年――鹿児島の暮らしから])」南日本新聞2016年11月4日などを参照。

(3)拙稿「高校生の「政治活動の自由」とその制限の許容性:政治活動の「届出制」についての実態調査もふまえて」鹿児島大学教育学部研究紀要(人文・社会科学編)68巻17頁(2017年)を参照。

(4)吉永周平「「政治的中立性」と表現の自由をめぐる課題(ロー・ジャーナル)」法学セミナー738号3頁(2016年)を参照。この論考は、市立の短期大学の教員が、大学の構内に、政治活動を行う市民団体の事務局を置いたことが、保守系の市議会議員などによって攻撃された事件の紹介から始められている。学問の自由や大学の自治と「政治的中立性」の問題については、今後の検討課題としたい。

(5)塚田哲之「市民の表現活動を阻むもの:日本社会の現況と理論的課題(特集:市民の政治的表現の自由とプライバシー)」法学セミナー742号33頁(2016年)34頁は、「政治的中立が害される」という「決まり文句」と表現している。

(6)エリック・バレントは、「政治的中立性を確保する」ことは、公的部門が有している可能性がある特有の利益であり、「公務の中立性」に対する「公衆の信頼を守ること」は、言論規制の正当性を決する比較衡量の対象になる利益であると述べている。エリック・バレント(比較言論法研究会訳)『言論の自由』(雄松堂出版、2010年)の第14章「特別な状況における言論の自由」576頁を参照。

(7) 地方公務員の政治的行為の制限について規定した前者は、「本条の規定は、職員の政治的中立性を保障することにより、地方公共団体の行政及び特定地方独立行政法人の業務の公正な運営を確保するとともに職員の利益を保護することを目的とするものであるという趣旨において解釈され、及び運用されなければならない。」としている。国民投票権年齢と選挙権年齢のリンクを切断し、特定公務員を除いて公務員の国民投票運動を認めるための一部改正法である後者は、その附則の第4として「国は、この法律の施行後速やかに、公務員の政治的中立性及び公務の公正性を確保する等の観点から、国民投票運動に関し、組織により行われる勧誘運動、署名運動及び示威運動の公務員による企画、主宰及び指導並びにこれらに類する行為に対する規制の在り方について検討を加え、必要な法制上の措置を講ずるものとする。」と規定している（傍点はいずれも筆者による）。

(8) 最大判昭和49年11月６日（刑集28巻９号３９３頁）

(9) 晴山一穂ほか『欧米諸国の「公務員の政治活動の自由」：その比較法的研究』（日本評論社、２０１１年）は、これが現在はもちろん、１９７４年当時にあっても、民主主義国としては特有のものであったことを明らかにしている。また、バレントは、雇用関係は「厳格な言論規制」が可能な領域の一例であることを指摘し、「公的機関や会社は、被用者を、その言論を理由に解雇あるいは懲戒の対象にできるのであろうか」という設問に従って検討を進めていくが、そこでの問題は、「使用者としての利益と被用者の言論の自由との衡量に収斂できる」としている。バレント・前掲注（６）５７１-５７２頁を参照。公務員であることによって、自身の職場や職務上の義務とは直接の関係が無い、公安警察による監視や捜査の対象になることまで甘受しなければならないという点で、日本の公務員法制は著しい独特さをまとい続けている。

(10) 第一審：東京地判平成20年９月19日（ウェストロー・ジャパン文献番号：2008WLJPCA09198018）、控訴審：東京高判平成22年５月13日（判タ１３５１号１２３頁）、上告審：最小判平成24年12月７日（刑集66巻12号１７２２頁）

(11) 第一審：東京地判平成18年6月29日（公務員関係判決速報364号25頁）、控訴審：東京高判平成22年3月29日（判タ1340号105頁）、上告審：最小判平成24年12月7日（刑集66巻12号1337頁）

(12) 蟻川恒正は、このことについて、「憲法理論は虚を突かれた」と評している。蟻川恒正「国公法二事件最高裁判決を読む」法学セミナー697号26頁（2013年）32頁を参照。なお、国公法二事件の判断枠組みの要旨としては、大河内美紀「公務員の政治的意見表明：堀越事件判決を受けて（特集：憲法の現況）」論究ジュリスト13号48頁（2015年）も参照。

(13) 長岡徹「公務の中立性と公務員の中立性の間：最高裁国公法二事件判決の意義」法と政治64巻4号299頁（2014年）309頁を参照。

(14) 長岡徹「公務の中立性と公務員の中立性」国公法事件上告審と最高裁判所（法律時報増刊）77頁（2011年）78頁を参照。

(15) 駒村圭吾『憲法訴訟の現代的転回：憲法的論証を求めて』（日本評論社、2013年）の第23講「さらば、香城解説!?：国公法違反被告事件最高裁判決と憲法訴訟のこれから」408-411頁（留保については412頁）を参照。

(16) 学説と政策担当者の間で法や判例の解釈・評価が著しい乖離を見せていることは、近年では、いわゆる集団的自衛権行使容認の違憲性をめぐる一連の議論の際にも鮮明になったが、憲法学の領域では、ますますそれが深刻化しているように思われる。本稿第3節の学校と政治活動の問題とも関わる、1974年の昭和女子大学事件上告審判決（最小判昭和49年7月19日（民集28巻5号790頁））についても、「その後の状況変化と最高裁自らの判例の蓄積によって、先例としての価値は相当減殺された」という評価が学界においてなされている一方で、文教政策の担当者は、生徒の政治活動制限を正当化するときに、現在でも同判決に全面的に依拠しているようである。木下智史「私立大学における学生の自由：昭和女子大事件」憲法判例百選Ⅰ〔第6版〕（別冊ジュリスト217号）26頁（2013年）と、「高等学校等における政治的教養の教育と高等学校等の生徒による政治的活動について（通知）に関するQ＆A（生徒指導関係）」（文部科学省のウェブサイト：http://www.mext.go.jp/a_menu/shotou/seitoshidou/1366767.htm（最終閲覧2017年11月10日））のQ3を参照。

（17）猿払事件上告審判決に従うのであれば、行政組織は、「一体となって国民全体に奉仕すべき責務を負う」「有機的統一体として機能」するべきものであって、理念的には、公務全体と個々の公務員は一体のものである。

（18）たとえ比較的定型的な業務である統計情報の処理を扱う部署の管理職「的」地位であるとしても、本省の内部部局の総括補佐という地位は、被告人がいわゆるノン・キャリアの職員であったことを考慮すると、それまでの公務員法違反事件における大多数の被告人らの地位とは、相当異なっている。蟻川・前掲注（12）33頁は、この点に逆方向の評価を与えているが、これは、公務員の階層秩序を、キャリアとノン・キャリアを分けずに、一元的に把握する場合には、可能となるかもしれない。

（19）なお、国家公務員倫理法が、職務遂行上だけではなく、私生活においても利害関係者との接触などを制限・禁止しており、とりわけ「本省課長補佐級以上の職員」に対して贈与等の報告などの特別な義務を課していることは、堀越事件と世田谷事件の異なる結論について、肯定の根拠とも、否定の根拠ともなり得るように思われる。一方では、こうした上級の職員には、私生活においてもより高い公正さ（公正らしさ）が求められるゆえに、政治活動の広範な制限も肯定される。他方、報告義務の履行などを通じて、職務遂行の公正さは十分に担保されており、そこに私生活上の表現活動に対する刑事的制裁までを課す必要性は現在では認められない、と言うこともまた可能であろう。

（20）控訴審判決の時点ではあるが、「再び意識が変わったら？」という中島徹の問題提起に対して、蟻川は、「国民の法意識」論には、「変化の不可逆性を担保する論証上の手続が必要」と指摘する。中島徹「「公務員は一切、政治活動をしてはならない」のか：猿払の呪縛（ロー・ジャーナル）」法学セミナー668号46頁（2010年）

47頁、蟻川恒正「違憲状態を是正する最高裁判決：国家公務員法１０２条１項訴訟に関する考察」国公法事件上告審と最高裁判所（法律時報増刊）１１１頁（２０１１年）１２０頁（注22）を参照。なお、「論証」の可能性ではなく、制度的な担保がなされているという本稿の見解に対しては、「表現の自由の重要性を説きながら、結局は公務員の規律を論じる」という「猿払の呪縛」にとらわれたものである、という中島の堀越事件控訴審判決に対する批判はそのまま妥当すると思われる。

(21) 阪口正二郎「比較の中の三段階審査・比例原則」樋口陽一ほか編『国家と自由・再論』（日本評論社、２０１２年）２３５頁を参照。

(22) この意味では、公務員の政治活動制限の違憲性を現時点で論証しようとするのであれば、非嫡出子の法定相続分差別規定を違憲とした例（最大決平成25年９月４日（民集67巻６号１３２０頁））や女性の再婚禁止期間規定を一部違憲とした例（最大判平成27年12月16日（民集69巻８号２４２７頁））で用いられた方法が、より適切ではないかと思われる。これらの事例においては、法の合憲性を基礎付けている様々な立法事実は、法の制定時や以前の最高裁の司法判断の時点では一定の合理性が認められたけれども、時間の経過による社会的状況や技術の変化によって、不可逆的にその合理性を徐々に失っていった結果、ある時点でその憲法適合性を喪失するという論証がなされている。なお、大河内・前掲注（12）50-51頁は、民営化や定員削減といった点から、立法事実の変化を論じている。

(23)「未来（指導用）」は、２０１５年の公職選挙法改正による18歳選挙権の実現を受けて、特に高校等における「主権者教育」の充実を図るために国が作成した副教材「私たちが拓く日本の未来：有権者として求められる力を身に付けるために」（本文中では「未来」と言う）を学校現場での指導のために教員が使用する際の「参考資料」として作成されたものである。いずれも、総務省や文部省のウェブサイト（「高校生向け副教材「私たちが拓く日本の未来」について」http://www.soumu.go.jp/senkyo/senkyo_s/news/senkyo/senkyo_nenrei/01.html

（最終閲覧2017年11月16日）「政治や選挙等に関する高校生向け副教材等について」http://www.mext.go.jp/a_menu/shotou/shukensha/1362349.htm（最終閲覧2017年11月16日）で参照することができるが、冊子となったものが、高等学校等を通じて、全国の高校生に無償で配布されている。

(24) 現行の教育基本法14条に対応する。教育基本法の全面改正から10年近くが経過したにもかかわらず、旧法の条項がそのまま引用され続けていることの問題点については、拙稿・前掲注（3）44-46頁も参照。

(25) 学校内だけではなく、通学中や放課後・休日の時間も含めて生徒が順守するべきルールは、学則とは区別され、実際には「生徒心得」や「生徒会申合」などの名称を採ることも多いが、本稿では便宜的に全て「校則」と称している。

(26) 小林哲夫『高校紛争1969-1970：「闘争」の歴史と証言』（中央公論新社、2012年）は、「高校紛争」の最盛期を1969年9月から1970年3月としている。

(27) 文初高第483号（昭和44年10月31日）

(28) 27文科初第933号（平成27年10月29日）

(29) 拙稿・前掲注（3）の脚注2に挙げた文献の他に、斎藤一久ほか「18歳選挙権のインパクト（特集）」法学セミナー744号9頁（2017年）は、より総合的な検討をおこなっている。ドイツの学校法制との比較から、生徒の法的地位を検討する結城忠『高校生の法的地位と政治活動：日本とドイツ』（エイデル研究所、2017年）も参照。

(30) 生徒の政治活動制限との関係では、「他方で、1）学校は、教育基本法第14条第2項に基づき、政治的中立性を確保することが求められていること、2）高等学校等は、学校教育法（昭和22年法律第26号）第50条及び第51条並びに学習指導要領に定める目的・目標等を達成するべく生徒を教育する公的な施設であること、3）高等学校等の校長は、各学校の設置目的を達成するために必要な事項について、必要かつ合理的な範囲内で、在学する生徒を規律する包括的な権能を有するとされていることなどに鑑みると、高等学校等の生徒による政治的活動等は、無制限に認められるものではなく、必要かつ合理的な範囲内で制約を受けるものと解される。」、「教科・科目等の授業のみならず、生徒会活動、部活動等の授業以外の教育活動も学校の教育活動の一環であり、生徒がその本来の目的を逸脱し、教育活動の場を利用して選挙運動や政治的活動を行うことについて、教育基本法第14条第2項に基づき政治的中立性が確保されるよう、高等学校等は、これを禁止することが必要であること。」、そして、「放課後や休日等であっても、学校の構内での選挙運動や政治的活動については、学校施設の物的管理の上での支障、他の生徒の日常の学習活動等への支障、その他学校の政治的中立性の確保等の観点から教育を円滑に実施する上での支障が生じないよう、高等学校等は、これを制限又は禁止することが必要であること。」という記述がある（傍点はいずれも筆者による）。

(31) S44通知の廃止とH27通知の作成のために実施された関係団体のヒアリングの中で、文教政策の担当者からは、「昭和44年通知は、その冒頭において「違法・暴力的な政治的活動への参加や授業妨害、学校封鎖の事例が発生していることは遺憾」としておりますが、これは当時の時代背景ということで、今回の通知案には記述しておりません」という認識が示されている。

(32) 社会科や公民科の授業の中で安全保障や原発などの現実の社会問題を扱う際に現場の教員が「政治的中立性」の維持に苦慮をしているという現代日本の学校現場の光景は、教育法の領域において「政治的中立」を標榜する法令が、「特定の政党その他の政治的団体……の政治的勢力の伸長又は減退に資する目的をもつて、学校教育法に規定する学校の職員を主たる構成員とする団体……の組織又は活動を利用」することを主な対抗物としていたこととは、もはや隔絶していると言ってよい。

(33) 配布された副教材を最後までよく読む真面目な生徒に対して、この「政治的中立性」の要請が、より一層結論的に作用する可能性もある。

(34) 前掲注（2）の南日本新聞の記事では、「政治に関心はあるけど、不特定多数の前で考えを主張するのは抵抗がある」、「友人関係や就職を考えると、表向きは中立でいる方が過ごしやすい」という、男子学生の声が紹介されている。

(35) 類似した状況がアメリカにもあることを紹介するものとして、阪口正二郎「「隔離」される集会、デモ行進と試される表現の自由」法律時報88巻9号106頁（2016年）がある。

(36) 2015（平成27）年3月の初等中等局長による通知「学校における補助教材の適切な取扱いについて」（26文科初第1257号（平成27年3月4日））は、補助教材の内容や取扱いの留意事項として「多様な見方や考え方のできる事柄、未確定な事柄を取り上げる場合には、特定の事柄を強調し過ぎたり、一面的な見解を十分な配慮なく取り上げたりするなど、特定の見方や考え方に偏った取扱いとならないこと」と述べている。このような状況の中で学校現場が行う「主権者教育」の典型例は、選挙管理委員会事務局持参の「実物投票箱」を用いた模擬選挙の実施や選管の職員の講話による選挙教育である。

(37) 義務教育諸学校教科用図書検定基準（平成21年3月4日文部科学省告示第33号）の第3章「教科固有の条件」の［社会科（「地図」を除く。）］の中で、「閣議決定その他の方法により示された政府の統一的な見解又は最高裁判所の判例が存在する場合には、それらに基づいた記述がされていること。」が挙げられている。同様の記述が、高等学校教科用図書検定基準（平成21年9月9日文部科学省告示第166号）の［地理歴史科（「地図」を除く。）］と［公民科］の中にもある。

(38) 最小判平成19年2月27日（民集61巻1号291頁）

(39) 2017年10月の衆院選に前後して、若者の政党支持の傾向について分析する様々な論考や記述に触れた。投票行動論や社会学的な分析は筆者の専門とするところではないけれども、近年の文教政策が、長年の政権与党が主張し、奉じてきた様々な価値や政策を学校教育の中に積極的に持ち込み、同時に、伝統的にある程度許容されてきた政府見解への異論や反論を「政治的中立性」の名のもとに排除する傾向を強めていること、案外、若い世代が若い時点ではそうした教育の影響を受けやすいものであることに、あまり注意が払われていない分析がほとんどであったように思われる。もちろん、「公認」の言説は、しばしば無味乾燥なものであり、生徒たちにとって魅力的なものとは映らないかもしれない。そしてそこから、生徒たちの中には、「教科書には書かれていない」、より過激で極端な「真実」を受容する方へ向かう者が出てくることも十分にあり得るだろう。

(40) 最小判平成8年3月15日（民集50巻3号549頁）

(41) 労働組合が教育研究全国集会のためにホテルの宴会場を予約していたところ、右翼団体による街宣運動を懸念したホテル側が、一方的に使用契約を破棄し、労働組合の使用を求める裁判所の仮処分命令も無視したことについて、ホテル側の債務不履行責任と不法行為責任に基づく損害賠償責任が認められた事例として、東京高判平成22年11月25日（判タ1341号146頁）がある。

(42) 合法的な集会に対して、それを妨害しようとする行為がある場合は、妨害行為の方を規制するべきとする考え方である。上尾市福祉会館事件上告審判決は、「主催者が集会を平穏に行おうとしているのに、その集会の目的や主催者の思想、信条等に反対する者らが、これを実力で阻止し、妨害しようとして紛争を起こすおそれがあることを理由に公の施設の利用を拒むことができるのは、「「地方公共団体の公の施設として、本件会館のような集会の用に供する施設が設けられている場合、住民等は、その施設の設置目的に反しない限りその利用を原則的に認められることになるので、管理者が正当な理由もないのにその利用を拒否するときは、憲法の保障する集会の自由の不当な制限につながるおそれがある」という」前示のような公の施設の利用関係の性質に照らせば、警察の警備等によってもなお混乱を防止することができないなど特別な事情がある場合に限られる」と述べている。

(43) ジョン・ミルトンは、出版検閲と発行禁止に対する批判の中で、「真理と虚偽を組み打ちさせよ。自由にして公然と開かれた対決場で、真理が負けた例がありましょうか」、「真理には場だけを与えよ」と述べている。ジョン・ミルトン（原田純訳）『言論・出版の自由：アレオパジティカ　他一篇』（２００８年）73–74頁を参照。

（44）上告審：最小判平成20年４月11日（刑集62巻５号１２１７頁）

（45）奥平康弘『治安維持法小史』（岩波書店、２００６年）２９５頁（岩波現代文庫版あとがき）

（46）阪口正二郎「「リベラリズム憲法学と国家の中立性」序説」法律時報72巻12号97頁（２０００年）を参照。「国家の価値中立性」と「憲法教育」との関連を論じるものとして、成嶋隆「教育を受ける権利」戦後日本憲法学70年の軌跡（法律時報増刊）１４１頁（２０１７年）も参照。なお、本稿執筆の最終段階において、中川律「国家の中立性概念の意味と意義：教育を題材に」（全国憲法研究会２０１７年度秋季研究総会における報告）に触れた。

（47）Rust v. Sullivan, 500 U.S. 173 (1991)

（48）Rosenberger v. University of Virginia, 515 U.S. 819 (1995)

（49）National Endowment for the Arts v. Finley, 524 U.S. 569 (1998)

（50）この問題を総合的に考察するものとして、横大道聡『現代国家における表現の自由：言論市場への国家の積極的関与とその憲法的統制』（弘文堂、２０１３年）を参照。

（51）例えば、本稿の冒頭で紹介した鹿児島市のヨガ講座の事例において、市の施設の館長は、「政治的行為」を問題視したと伝えられているが、これはあきらかに、公務員法や教育法における「政治的行為」の解釈とは結びつかないものである。

（52）同様の指摘をするものとして、塚田・前掲注（５）34頁、平地秀哉「「公共空間」と憲法理論」法学セミナー７４２号38頁（２０１６年）38–39頁がある。

（53）横大道・前掲注（50）を参照。なお、「言論者としての政府」という概念の持つ、私的主体の表現活動を政府の表現活動に置き換えていくことの問題性の指摘については、拙稿「表現の自由理論における「言論者としての政府」というメタファー：“government speech”をめぐる言説への懸念」早稲田法学会誌61巻1号245頁（2010年）も参照。

（54）Legal Services Corporation v. Velazquez, 531 U.S. 533 (2001)

（55）Johanns v. Livestock Marketing Association, 544 U.S. 550 (2005)

（56）Pleasant Grove City v. Summum, 555 U.S. 460 (2009)

（57）規制目的がやむに已まれぬ政府の利益のためのものであり、目的の達成手段が必要不可欠なものであることを、規制主体の側が立証しなければならないとする違憲審査の定式である「厳格審査」が、修正1条解釈の中でどのように形成、発展してきたのかについては、拙稿「表現の自由と厳格審査：アメリカ連邦憲法の修正1条解釈におけるルーツと展開」早稲田法学会誌65巻2号99頁（2015年）も参照。

（58）横大道・前掲注（50）299-300頁を参照。

（59）さいたま市公民館条例（平成13年5月1日条例127号）2条は、「市の特定区域をその事業の主たる対象区域とする公民館」を「地区公民館」と呼称している。なお、60近い数の市立公民館を擁するさいたま市では、さいたま市公民館条例施行規則（平成15年3月27日教育委員会規則16号）3条2項において、地区公民館のうち10か所を、所管する複数の地区公民館の事業の指導・助言や関係機関との連絡調整を所掌する「拠点公民館」と位置付けているが、三橋公民館は、拠点公民館ではない地区公民館である。

（60）平成18年7月4日政策局長決裁、平成28年3月30日都市戦略本部長決裁

（61）事件や訴訟の詳細な経緯や第一審の判決文については、「「九条俳句」市民応援団」のウェブサイト（http://9jo-haiku.com/（最終閲覧2017年11月10日））を参照。

（62）さいたま地判平成29年10月13日（判例集未登載）は、前掲のウェブサイト内の「裁判資料」のページにPDFファ

イルとして掲載されている(最終閲覧2017年11月10日)。なお、原告側、さいたま市側の双方が控訴している。

(63) 日米共同訓練に反対する集会の会場として利用するために、いったんは町立の公民館の使用申請が認められた後、集会が「政治的活動」に該当するとして使用許可が取り消されたことに対して国家賠償が認められた福岡地判平成元年11月30日(判時1333号139頁)を参照。「天皇制を考える討論会」の企画のために、県の婦人会館を使用することを承認しなかったことが違法とされた事例として、東京高判平成4年12月2日(判時1449号95頁)も参照。

(64) なお、「九条俳句」事件さいたま地裁判決は、萎縮効果を原告との関係で狭く理解しているが、三橋公民館による「九条俳句」の掲載拒否が、日本全国の社会教育施設に関わる教育行政の先例として機能した場合の影響力の大きさが、過小評価されているようにも思われる。

第5章　わいせつ規制と思考の自由
——わいせつ物単純所持規制を題材に

森口千弘

はじめに

2014年6月に改正された「児童買春、児童ポルノに係る行為等の規制及び処罰並びに児童の保護等に関する法律」(以下、改正児童ポルノ禁止法とする)は、それまで禁止されていた製造、販売、提供などに加えて、新たに「自己の性的好奇心を満たす目的で、児童ポルノを所持した者」への罰則を規定した。販売など、児童ポルノの流通を目的とした所持のみならず、自己使用を目的とした所持(単純所持)を禁じた点に、改正児童ポルノ禁止法の特徴がある(1)。

単純所持規制については、「児童ポルノ」の定義の困難さに由来する問題や、自宅での所持について規制を及ぼすことがプライバシー侵害に当たるのではないかとの懸念、表現の自由との関係など、様々な憲法上の問題点が指摘されている[2]。もっとも、一般に、児童ポルノの単純所持規制は一律に憲法違反と考えられない。多くの研究者が懸念するのは、規制の対象が拡大し、たとえば自身の子どもが裸で写っている家族写真や、芸術的価値があり性的な意図のない写真などにまで規制が及ぶことであろう。このような懸念は、単純所持規制というきわめて強い規制が問題となっている以上、当然にたち現れるものである。

研究者の懸念の背景の一つとして、単純所持規制には児童ポルノという社会的に「邪悪な」考え方を、国家権力により排除しようという意図が垣間見えることがあるように思われる。改正児童ポルノ禁止法の目的は性的搾取からの児童の保護であり[3]、したがって、ここでいう「児童ポルノ」は、いわゆる実在児童ポルノであり、漫画やＣＧなどの非実在児童ポルノは含まれない。けれども、社会的に「邪悪な」ものとみなされる児童を性の対象とする表現について、実在の児童が関わっていなくとも規制を課そうとする主張は存在感を増している[4]。

そこで本稿では、アメリカの事例を参考に、児童ポルノをはじめとする社会的に嫌悪される表現物の単純所持規制がいかなる憲法問題を生じさせるのかを検討する。その際に注目するのが、国家はその内容がいかなるものであれ個人の思考プロセスを侵害してはならないという、「思考の自由」の原理である。

アメリカでは後述する１９６９年の Stanley 判決以降、わいせつ物の単純所持規制が合衆国憲法修正1条に違反するという判例が定着しており、児童ポルノとの関係も含めてすでに日本でも紹介されている(5)。アメリカでは、わいせつは「保護されない言論」にカテゴライズされ、通常の表現よりも審査密度が低くなる。にもかかわらず、単純所持規制については厳格な審査のもと違憲判決が出されているのは、そこに個人の思考や道徳をコントロールし内心に介入しようとする政府の意図があり、思考の自由を侵害していることが理由の一つと考えられる。

そしてこのことは、日本におけるわいせつ物単純所持規制を考える際にきわめて示唆的である。ある考え方を「道徳的に害悪」であるとか「社会・集団の秩序にとって有害」として、国家権力をもってこれを規制しようとする試みは、国家が特定の価値観をパターナリスティックに押しつけ、規制するという問題を伴う。殊に、自宅という極めて私的な領域に規制が及ぶ場合、表現の自由やプライバシー権に加えて、思想・良心の自由との関係でも問題が生じるように思われる。この観点から単純所持規制を眺めることで何を得られるのかを検討するのが、本稿の目的である。

1　単純所持規制と思考へのコントロールの憲法上の問題点

Stanley 判決

連邦最高裁がわいせつ物単純所持についてはじめて憲法判断をおこなったのは、Stanley 判決[6]である。Stanley 判決では、被告人がわいせつ物製作の容疑で警察の捜査を受けたところ、製作に関する証拠は発見されなかったものの、捜査の過程でわいせつなフィルムが発見されたために、わいせつ物の単純所持を禁ずる州法に基づき逮捕された事案が問題となった。被告側は単純所持を禁ずる州法は修正1条に違反すると主張した。

Roth 判決[7]以降、わいせつは「保護されない言論」であり、憲法上の保護が弱い領域とされているにもかかわらず、Stanley 判決で多数意見を執筆した Marshall 判事は Roth 判決と本件を区別し、わいせつ物の単純所持の禁止が修正1条に違反すると判示した。本稿で注目したいのは、単純所持規制を違憲とする主要な理由の一つとして、州法が「人の思考（person's thought）」の道徳的内容をコントロールしようと試みるものであることがあげられている点である。

多数意見を執筆した Marshall 判事によれば、Roth 判決とそれ以降の判例で問題とされてきたのは単純所持の問題ではなくわいせつ物の送付や広告などにかかわる事案であり、これらの先例と単純所持規制の事案は区別される[8]。加えて、Roth 判決の以下のような一説が引用される。

〔国家権力に対する〕絶え間ない警戒、ということは連邦議会や州による〔修正1条の権利の〕侵害を防ぐためのモットーである。連邦や州がこの領域に侵入することを防いでいる扉は半開きになっていてはいけない。この扉はきつく閉じられていなければならず、より重要な利益への侵犯を防ぐために必要なほんのわずかの隙間のみが開いているようにしなければならない。[9]

このように、Roth 判決の判旨はわいせつ物の単純な私的所持の禁止についての憲法上の問題にかかわるものではなく、私的空間における規制については慎重さを求められる。このことから、単純所持規制を Roth 判決の理論で正当化することはできず、また、わいせつが「保護されない言論」にカテゴライズされるからといって、憲法上の一切の保護を受け得ないと考えることはできない。[10]

Roth 判決と事案を区別した上で、Marshall 判事は「個人のプライバシーに対する望まぬ政府の押し付け（intrusions）から自由である権利[11]」が憲法上の基本的な権利として認められると述べる。彼は、単にフィルムがわいせつ物にカテゴライズされるということのみでは憲法により保障される個人の自由へのドラスティックな侵害を正当化するには不十分であること、修正1条が意味するアメリカの憲法的伝統は政府に人の心の中をコントロールする権限を与えることに強い嫌悪を感じるものであることを強調する。[12]

また、州側は州法の正当性の主張の際に、わいせつ物の影響から他の個人の内心を保護する州の権限が存在するとしていたが、Marshall 判事によれば、この主張は、個人の思考の道徳的内容をコントロールしようとしているものに他ならない。[13] 結局のところ、このような目的で行われるわいせつ物の私的所持の規制は個人の内心への不当な政府の介入であり、このような州の権限の存在は否定される。Marshall 判事は、「公衆道徳に反する思想が大衆に拡散することをコントロールするための州の権限がどのようなものであれ、憲法上、州は個人の私的な思考をコントロールしたいという願望に基づいて立法を行うことはできない[14]」と述べて、州はわいせつ規制に関する広範な権限を有するけれども、それは私的領域におけるわいせつ物の単純所持にまで及ぶものではないと指摘する[15]。

Stanley 判決では、州による個人の内心あるいは思考に関する道徳的内容への統制が憲法上許されないことが強調される。「修正1条が意味するものが何であれ、国家が人に、家に一人で座っていることだとか、どの本を読んでよいか、どのフィルムを見てよいかについて口を挟むのは、余計なお世話[16]」なのである。

Stanley 判決の射程

Stanley 判決は、プライバシー権や表現の自由の問題と重なりながらではあるが、わいせつ物の所有という内心に留まらない外部行為であっても、それが私的領域で行われている場合、これに対する規制を行えば個人の内心への介入となりうることを示したものと評価できる。このことを示すために、Stanley 判決以降、連邦最高裁がこの判決をどのように解釈してきたかを見てみたい。

まず1971年のReidel判決[17]をみてみよう。この事例ではわいせつ物を郵送するために郵便を用いることを禁じた連邦法の合憲性が争われた事件である。この判決は、Stanley判決の射程に関して、内心および思考の自由（freedom of mind and thought）や自宅でのプライバシーに焦点を当てたものであると指摘し、Reidel判決の事例とは区別されるとされた。すなわち、Stanley判決で示された自由は、通常の表現の自由とは異なり、あるものがわいせつ物かどうか、あるいはわいせつ物が憲法上保護されているか否かにかかわらず保護される権利である。一方で、Reidel判決で問題となったわいせつ物を配布、販売するような原告に対しては、たとえそれが公衆の目にふれない郵送という形で行われていても、Stanley判決の枠組みは適用されない。

同じく1971年のUnited States v. Thirty-Seven(37) Photographs[18]では、わいせつ物の個人的な所有のすべてがStanley判決のもとで保護されるわけではないことが判示された。この判決は、ヨーロッパから帰国した旅行者が持ち帰った37枚の写真が、そのわいせつ性を理由として没収された事例である。原告は写真のわいせつ性を争ったほか、Stanley判決に基づいて没収の根拠となる連邦法の合憲性につき争った。判決は、「Stanley判決が強調したのは、自宅でのプライバシーにおける思考および内心の自由」であり、「通関手続き地は旅行者の自宅ではない」ために、本件とStanley判決との事案は区別されるとした。したがって、Stanley判決で示された権利は、彼の旅行かばんを捜索されない権利や、保護されない――それどころか違法な――わいせつ物を没収されない権利ではない。Stanley 判決が示した権利がどのようなものであれ、前述の Reidel 判決が示したようにわいせつ物を公的に頒布しようとしたり、本判決が示すように、外国からわいせつ物を輸入しようと試みることにまでその権利が拡大されることはない。公的な頒布のためか、私的な使用に供するかは問題ではないのである。[19]

Reidel 判決、Thirty-Seven(37) Photographs 判決によれば、公衆の目にわいせつ物がさらされず、そのようなものを目にしたくない人に害悪を与えない場合であっても、Stanley 判決の原理の下での保護は受けられないとされている。ここからは、Stanley 判決の射程はわいせつなど嫌悪されるものか否かを問わない一方で、その保護が及ぶのは極めて限定された場面に限られることが読み取れる。具体的に、どのような場合に保護が及ぶのだろうか。

１９７３年の Paris Adult Theatre I 判決[20]では、Stanley 判決の射程についてより踏み込んだ言及がなされている。この判決では、これまで見てきた判例と同様、Stanley 判決の原理の下で保護されるのは、自宅など、限定的な私的領域でのわいせつ物の所持であることが強調される。同時に、規制の目的が個人の内心への介入、コントロールを目的としたものではない場合には Stanley 判決の事案と区別可能であり、憲法上保護された権利を侵害するものとはならないとされた。

Paris Adult Theatre I 判決ではわいせつ物の配布、展示を禁ずる Georgia 州法の合憲性が争われた。被告側は、Stanley 判決で言及された思考の自由に基づき州法は違憲であると主張しており、裁判所はこの問題に関する判断を迫られていた。Burger 判事が執筆した多数意見では、無条件でわいせつ物の展示、配布を禁じる Georgia 州法の規定は理性や知性に対するコントロールを目的としたものではなく、また内心（mind）や思考（thought）をコントロールすることを試みるものではないとして、Stanley 判決の原理に照らしても本件州法の規制は合憲であると判断した。Burger 判事によれば、本件州法により規制される原告の行為は、修正1条によって保護された思想の伝達、Stanley 判決によって保護されている自宅における特定のプライバシー、あるいは憲法によって保護されているその他のプライバシーの領域のいずれにも含まれない。この事案で問題となっているのは上記の憲法上保護された領域に対する政府の介入ではなく、単にある特定の発話、思考が規制によって間接的に影響を受けるであろうという事実だけであり、これは州が正当な利益を保護するための行為を妨げるに十分なものではない。このことは、ドラッグ依存者の幻想それ自体には政府の規制は及ばないけれども、政府のドラッグの販売規制は憲法によって禁じられるものではない、ということと同様なのである。[21]

このように Stanley 判決のすぐ後に出された Reidel 判決、Thirty-Seven Photographs 判決、Paris adult Theatre I 判決では、Stanley 判決の射程がきわめて限定的なものであることが示されている。Reidel 判決のように、わいせつ物を人目に触れない形で郵送したとしても、それがわいせつ物の配布、販売を目的としたものであれば保護されない。Thirty-Seven Photographs 判決のように外国からの輸入も事案を区別される。わいせつ物の使用が、公的な領域にわいせつ物を広めようとするものか、私的な使用にとどまるか否かにかかわらず、Stanley 判決の射程は自宅での単純所持のような限定的な場合にとどまる。

なぜ私的な使用のみを目的とする輸入や頒布への規制は合憲とされるのだろうか。これは、連邦最高裁が、Stanley 判決とその他の判決を、わいせつ物の使用目的ではなく、政府の規制が個人の思考への介入を意図していたか否かによって区別しているためと考えることができる。[22] このことに言及したのが Paris adult Theatre I 判決である。この判決では、Stanley 判決で違憲の判断が下されたのは、単純所持規制を通じて政府が特定の考え方を否定したり、「正統な」考え方を押し付けたりするなど、思考へのコントロールを意図していたためであるとする。したがって、「理性や知性へのコントロールとは区別される」わいせつ物の展示への規制が合憲とされるのかである。[23]

判例の展開から見ると、Stanley 判決で示された原理は、政府の動機が内心に介入するような違憲なものか否かを問うものである。なんであれ特定の考え方を狙い撃ちして規制を行ってはならない、という政府の権力の限界を確定するのが Stanley 判決の企図するところであり、したがって、規制の対象の如何にかかわらず——すなわち、わいせつのような保護されない言論か、政治的言論のように民主制との関係で特別な保護が想定されるような言論かどうかにかかわらず——ある種の規制はそれ自体違憲とされるのである。

連邦最高裁がこのような立場をとっていることは、次に見る児童ポルノ規制にかかわる一連の判決からより明確になる。

児童ポルノ単純所持規制

連邦最高裁は児童ポルノ規制について広範な裁量を州に与えている。Ferber判決(24)では、Miller(25)テストに照らしてわいせつ性の基準に満たないような場合でも、16歳以下の児童を用いた児童ポルノである場合には、展示、販売、頒布を禁じたNew York州法が合憲とされた。連邦最高裁は、「未成年者の精神的、身体的な健康を保護する」というやむにやまれぬ利益を理由として規制を正当化した。これは、児童ポルノの作成が児童への虐待に類することが理由となっている。

このように、連邦最高裁が児童ポルノについて成人を用いたポルノとは異なる考え方をとっているため、単純所持規制においてもStanley判決とは事案を異にすることになる。

児童ポルノの単純所持について初めて判断を下したのは、1990年のOsborne判決(26)である。この判決では、児童ポルノの単純所持を禁じたOhio州法の合憲性が争われた。連邦最高裁はStanley判決を維持しながらも、児童ポルノに関する例外を認めて当該州法を合憲とした。

Osborne判決で多数意見を執筆したWhite判事は、Stanley判決ではGeorgia州法が「わいせつ物がそれを見る人の心を毒する」ことを理由にその私的な所持を禁じた点が重要であり、パターナリスティックな規制ゆえに違憲となっていると指摘する。一方Osborne判決で問題となった児童ポルノ規制は、Stanley 判決とは異なり、州のパターナリスティックな利益に基づいたものではない。Ohio 州法が目的とするのは児童ポルノの犠牲者を保護すること、さらには、児童を搾取する市場の破壊にある。Ferber 判決で示されたように、未成年者を身体的、精神的に保護するという目的はやむにやまれぬ利益であり、たとえ児童ポルノの単純所持が修正1条の下で保護された利益であった場合ですら、規制は正当化される。(27) さらに、州が児童ポルノの生産を減少させるために、それらの所有、閲覧、生産を禁じ、需要を減じさせるという手段は合理的である。したがって、本件で問題となった児童ポルノの単純所持を禁ずる州法は、その目的がパターナリスティックなものではなく、また所持を禁ずる合理的な理由があるため、Stanley 判決と矛盾することなく合憲と判断される。(28)

Osborne 判決では、Stanley 判決で違憲とされた単純所持規制を、児童ポルノの場合に限って合憲としている。ここで重視されるのは、規制目的である。Stanley 判決で問題となった Georgia 州法の単純所持規制は、社会の性的道徳の維持を目的としたもので、突き詰めれば個人の内心へ介入し、道徳的なコントロールを及ぼすことを目的とする規制であった。一方で、Osborne 判決は、児童ポルノ市場を破壊することにより達成される子どもの権利の確保が規制の目的であり、内心への介入をもくろんだものではない。この意味で、Osborne 判決は、子どもの保護という観点から児童ポルノ規制を正当化可能だとした Ferber 判決を踏襲したものといえる。

Osborne 判決で児童ポルノ単純所持規制が合憲とされた理由が子どもの保護にある以上、そのような目的を欠き、他に正当な理由がない場合には、単純所持規制は道徳的コントロールをもくろむ違憲な規制と評価されることとなる。この問題が争われたのが、2002年のAshcroft 判決[29]である。Ashcroft 判決では、実在の子どもを用いない非実在児童ポルノの単純所持の禁止を含む、1996年に制定された連邦法である児童ポルノ防止法(CPPA)の合憲性が争われた。

この判決で多数意見を執筆した Kennedy 判事は、本件で問題となった非実在児童ポルノの禁止は以下の点で判例法理と矛盾すると指摘し、CPPAを違憲とした。第一に、政府がわいせつ作品を禁止する際に「コミュニティーの基準に照らして明らかに不快な(patently offensive)ものであり、まともな文学、芸術、政治的、科学的価値を欠く作品」であることを証明する必要があるとした Miller 判決と矛盾する。CPPAは未成年が性行為とかかわる描写をその価値に関わらず禁じており、それが好色的興味に訴えかけるものかどうかを問わないため、Miller 判決の基準を満たさないためである。Ferber 判決では実在児童ポルノについてはMiller テストを適用しないとしたが、Ashcroft 判決は非実在児童ポルノについては Miller テストを適用すると判断したことになる。

そうなると、第二に、本件の非実在児童ポルノの禁止は、児童ポルノの配布、販売が児童への虐待と密接にかかわっているとして、児童ポルノを Miller テストの例外とした Ferber 判決との整合性が問題となる。これについてKennedy判事は、本件とFerber判決とは事案が区別されるべきとした。なぜなら、CPPAで禁じられた非実在児童ポルノは実在の子どもとは無関係であり、犯罪を記録したものでもなく、さらにその生産の際に犠牲者が生じているものでもないためである[31]。したがって、Ferber判決とは異なり、CPPAはMillerテストの例外とはならない。

Kennedy判事はCPPAが従来の児童ポルノ規制を合憲とした判例とは事例が異なるという。連邦政府は「ヴァーチャル児童ポルノがペドフィリアの欲求を刺激し、彼らが違法な行為にかかわることを助長する[32]」ことも規制の目的として主張していたが、Kennedy判事はStanley判決に依拠して、これを一蹴した。彼は「〔政府が〕個人の私的な思考をコントロールすることを望ましいものとし、それを法律の前提にすることは、憲法上許されない[33]」というStanley判決の一節を引用する。そして、「修正1条の諸自由は、政府が思考を支配しようと試み、また政府が許容できない目的のために法を正当化しようと試みた際に、もっとも危険にさらされるのである[34]」と述べて、政府による思考への介入が許されないこと、修正1条の諸自由の前提として、言論の自由と相互に密接な関係となる「思考する権利」があることを明言したのである。したがって、CPPAは修正1条によって保護された権利をも規制の対象に含んでおり、過度に広範ゆえに違憲であるとされた。

Ashcroft判決は、修正1条の言論の自由の前提として思考の自由があることを明らかにし、

Stanley 判決に依拠し、同様に社会的に嫌悪される思考であってても政府がこれをコントロールすることは許されないということを示した。この際、Osborne 判決のように、作成の段階で実在の児童がかかわる児童ポルノが問題となった事例と、Ashcroft 判決のような実在の児童がかかわらない非実在児童ポルノが問題となった事例は区別される。

2 単純所持規制と内心への介入

単純所持規制の問題はしばしば、知る権利をはじめとする表現の自由の問題として扱われる。実際、Stanley 判決でも情報を受け取る権利についての言及している。けれども、情報の受け手・情報の流通という観点から単純所持規制の違憲性を説明しようとすれば、アメリカの判例の展開との矛盾が生じるように思われる。連邦最高裁はわいせつ物を販売・頒布したり、海外から持ち込むことについて、憲法上の保護を否定している。もし情報の受け手や情報の流通に価値を見出しているのなら、提供目的の所持や郵送を禁止する規制が合憲とされていることを説明できないのではないか。

表現の受け手の問題でないとすれば（一般に、単純所持規制を送り手の問題として理解するのは困難であろう）、Stanley 判決や Ashcroft 判決は、憲法上どのように説明されるのかが問われる。この答えのひとつとして「思考の自由（freedom of thought）」をあげることができる。

両判決では、国家が「わいせつが悪しき考えである」、「児童ポルノが悪しき考えである」ことを理由に規制を課していることを問題視している。思考の自由のもと、このような規制のあり方は個人の内心の思考プロセスに対する政府の違憲な介入であると評価される。

アメリカには日本の憲法19条の「思想・良心の自由」に当たる条文は存在しない。しかしながら、連邦最高裁の判例の中には思考の自由やそれに類する権利への言及がある。[35] このような中で問題とされているのが、思考の自由がそれ単独で保護されるのか、表現の自由との関連で——すなわち表現の自由の下で保護される「表現」とかかわる場合にのみ——保護されるのか、である。憲法典の文言上の問題もあり、思考の自由を考える際には、表現の自由とかかわる場合にのみ保護されるとする見方がある一方、思考はそれ自体独立した価値があり、思考は表現の自由とかかわらないような場合でも保護されるという見方もある。Adam Kolber はこれを、「表現との結びつきを重視する見解（intertwined view）」（以下、結合説）と、「表現とは独立して思考を保護すべきという見解（independent view）」（以下、独立説）として、以下のように整理している。[36]

結合説は、思考の自由はそれ自体では保護されず、それがある種の表現の問題としてたち現れた際に保護される、とする立場である。このような立場からすれば、思考のみにいかなる負担が生じていても、それ自体は問題とはならない。思考が憲法上保護されるためには、表現の自由の下で保護される「表現」が付随していなければならない。また、表現の自由の前提条件として、思考の自由が道具的価値を持つとする立場も、結合説に含まれる。これらの見解は、思考それ自体に憲法上保護されるべき価値を見出さない見解と言い換えることができる。

一方、独立説は、表現の自由とは独立して思考に価値を見出す立場である。この立場からすれば、思考には表現とは別個に憲法上保護されるべき価値があることとなり、表現の自由の下で憲法上保護される「表現」がなくとも、修正1条により思考は単独で保護される。思考に表現の自由を担保するための道具的価値を見出す立場の中でも、表現と思考は区別不可能なほど密接に関連していると考える立場は独立説に含まれる。これらの見解は、思考それ自体に憲法上保護されるべき価値を見出す見解と言い換えることができる。

このような分類の中で、Stanley 判決は独立説を採用したものと理解され、それ故に思考の自由を強調した判決として評価される。この理由としては、単に自宅でわいせつ物を読むことは、通常、コミュニケーションを目的とする表現行為とはみなされないこと、また、保護されない言論にカテゴライズされるわいせつ物が問題となった事例にもかかわらず、Stanley 判決は厳格な審査にかけていることがあげられる。Stanley 判決が私的な思考への介入について嫌悪感を表明していることも踏まえると、連邦最高裁は、修正1条によって、表現とは別個に「思考」を保護していると考えられよう。[37]

Stanley 判決が思考の自由に表現の自由とは別個の価値を見出しているとして、わいせつ物単純所持規制はどのような形で思考の自由とかかわるのだろうか。これについて、たとえば、

Kolber が独立説の代表的論者とみなしている Neil Richards は[38]、彼の理論である「知的プライバシー（intellectual privacy）[39]」の観点から、Stanley 判決を、州による思想へのコントロールを禁じたものと理解している。

知的プライバシーとは、我々が自分の内心（minds）を自由に形成するための能力を保護するための、保護領域のことである。知的プライバシーのための権利は、自らの思考形成のプロセスを保護すべきとの考え方であり、我々が思想を生み出したり信仰を形成するプロセスに従事する際――すなわち、我々の思考が公にされたり、他者からの意見や批判にさらされるための準備ができる前に、考え、本を読み、誰か別の相手と会話する際に――他者から監視されたり望まれない介入をされたりすることを防ぐための権利である[40]。

Richards によれば、Stanley 判決で問題とされるのは、読書する権利（the right to read）である。この権利は知的プライバシーを守るために重要な要素のひとつである。というのも、「人が何を読むかを支配するということは、彼らの思考の道徳的内容を支配するに等しい[41]」ためである。もっとも、どんな本を所持し、読むか、ということについては多くの規制が存在する。言うまでもなく、我々は盗んできた本を読む権利や実在の児童ポルノを自宅で読む権利を有しない。しかし、これらの制約にはそれぞれ思想へのコントロールとは異なる目的がある。「児童虐待」の記録である実在児童ポルノとは異なり、通常のポルノや非実在児童ポルノの場合、いかに多くの人から忌み嫌われ、害悪と考えられたとしても、政府はそのことを理由としてこれを規制する権限を有しない。修正1条は、読書する権利や常軌を逸した思想を探究するための資料を閲覧する権利を保護するのである[42]。

このようなRichardsの立場は、Stanley判決やAshcroft判決の趣旨を、国家が個人に対して道徳的コントロールを及ぼすことを禁じたものと理解するものである。彼によれば、提供目的のわいせつ物の所持や実在児童ポルノの単純所持のように、思考へのコントロール以外の正当な目的がある規制は憲法上許される。Stanley判決やAshcroft判決は、思考へのコントロール以外の目的が見出せない限定的な例なのである[43]。

わいせつ規制にかかわる一連の判例では、わいせつによる害悪の防止を目的とする販売、頒布への規制と、わいせつ物の所持者の道徳的思考をコントロールすることを目的とする単純所持への規制は区別され、後者のみが憲法上禁じられるとされている。同様に、同じ単純所持規制であっても、目的がポルノ作成の際に被害者となる児童の保護や、そのための児童ポルノ市場の根絶にある場合（実在児童ポルノ規制）と、被害者がいないにもかかわらず児童を性的な目で見るという思考そのものに介入することを目的とする規制（非実在児童ポルノ規制）は区別され、後者のみが違憲とされている。違憲とされた例はいずれも、個人の思考プロセスに干渉し国家が「善き生き方」を押し付けるパターナリスティックな、ないし、思想抑圧的な目的をもつものとされている。これは、国家の規制目的に着目するアプローチということができる[44]。

ここまで見てきたRichardsのアプローチの利点は、特定の思考を狙い撃ちしようとする政府の動機に焦点を当てるため、「何が保護される思考か」ということを考える必要がないことである。必要なのは政府が何らかの思考・思想・考え方を罰しようとしているか否かであり、その内容が一般的には反社会的・反道徳的とみなされていたとしても、政府の動機が思考狙い撃ち的なものであれば違憲となる(45)。したがって、わいせつのように、一般に反道徳的とみなされ、表現の自由の法理の中でも「保護されない言論」にカテゴライズされるものであっても、思考の内容のみを理由として規制することは許されない。

一方で、この自由はあくまで、思考そのものを狙い撃ちにするような規制からの防御権として想定されることになる(46)。そのため、たとえばわいせつ物の頒布や販売に対する規制は思考そのものではなく「行為」に向けられたものであり、表現の自由など諸々の権利との関係で問題となるとしても、思考の自由との関係では問題とならない。一度わいせつ物が私的領域から公的な領域に表出した場合には、他者の権利侵害が生じたり、公共の秩序にかかわる関心事となるためである(47)。

また、Stanley 判決や Ashcroft 判決の思考の自由は国家の規制の動機に焦点を当てたものと解されるが(48)、それゆえに同じ単純所持規制であっても、実在の児童にかかわる児童ポルノ単純所持規制は、規制の動機が子どもを性的搾取の被害から救うことにあるため許容されるけれども、非実在の児童ポルノ規制に関しては規制の目的がパターナリスティックな介入とみなされるため、思考の自由の原理に反し違憲とされる。これらの判例では、「ある行為に対する規制が、私的で自由な思考の権利を妨げるものか否か」[49]が規制の合憲性のメルクマールとなっている。

規制の目的に焦点を当てるStanley判決やAshcroft判決のアプローチに対して、より積極的な権利として思考の自由を定位しようと試みるアプローチもある。たとえばMarc Jonathan Blitzは、判例のアプローチでは、自律的な思考に必要な機器への規制など間接的な思考プロセスへの介入に対処できないと批判する。[50]

BlitzはStanley判決の単純所持規制違憲の判断を、思考の自由を一定の行為にまで拡大する潜在性を持つものと評価し、自身の思考を再構成するための自由にまで広げようと試みる。[51]たとえば、日記を付ける、ヴァーチャル・リアリティーを用いる、向精神薬を使う、スマートフォンを使う、などの諸行為はそれ自体「思考」と呼べるものではない。しかしながら、これらの使用は自律的な思考と密接に関わっており、規制されることによって自由な思考が不可能になる場合がある。[52]そこでBlitzは、思考の自由に外的な世界における特定のツールや文化的なリソースを用いる自由や、その人の考え方を変えるためのテクノロジーやリソースの使用の自由を想定することで、これらのテクノロジーを用いる積極的な権利を思考の自由の中に盛り込むべきと主張する。前者は本質的に、ある種の環境的な支援を必要とする精神的キャパシティを行使する権利、後者は精神的な自律の権利を含むものとして理解される。[53]

Blitzの見解は、思考の自由を単に思考プロセスに対する政府の干渉からの防御権としてのみならず、自由な思考ができる環境整備まで求めるより積極的な権利として捉えているものであり、今後の技術発展の中で思考の自由を考える際に一考に値する。しかしながら、Blitz の所論は思考の自由の保護領域を無制限に拡大しかねず、その結果としてこの自由の意義を相対化してしまう可能性もある。Frederick Schauer は、「いかなる政府の行為も潜在的に思考への影響を有するものであり、政府が思考への影響を試みることができないと言うことは、すべての政府の権力を否定する、と言うことになってしまう」[54]と指摘しているが、Blitz のように、向精神薬やスマートフォンの使用など、思考を補助するための外的な行為まで思考の自由に含めてしまえば、まさに Schauer の指摘のようにすべての規制が思考の自由を侵害するものとみなされ、それにともない保護の密度が下がってしまう可能性もあるだろう[55]。

ともあれ、Stanley 判決の原理は、思考プロセスへの国家の介入を一定程度排除しようとするものであると理解できる。そして、そのメルクマールとして規制の動機に着目し、パターナリスティックな目的を持つ規制や、規制手段から思想抑圧性が推定される規制については思考の自由を侵害するものと理解される。これは、政府が超えてはいけない最後の一線を画するものであり、きわめて限定的な場面でのみ用いられる、そしてそれゆえに強力な権利ということができるだろう。

3 Lafayette 市判決と思考の自由

ここまで見てきたように、連邦最高裁は、思考に表現とは別個の価値を認め、これを保護するために思考の自由を保障していると考えられる。とはいえ、思考はそれ自体目に見えるものではないため、表現の自由と独立して問題となる場面は多くはない。連邦最高裁の判例ではないが、表現から独立した思考がダイレクトに問題となった事例として、以下、Lafayette 市判決を検討したい。

Lafayette 市判決

原告である John Doe(56) は、児童に対する淫行、のぞきなどの性犯罪に関わる罪で、1978年から1991年の間に複数回の有罪判決を受けていた人物である。彼は1986年から精神分析医を受診しており、また性犯罪者のための自立支援団体にも自発的に参加していた。しかしながら、2000年の1月、Doe は仕事から帰る途中で子どもに対する性的な思考を思い立ち、Lafayette 市内の公園へと車を向けた。公園では数人の子どもが野球に興じており、彼は性的な思考をめぐらせながら15分から30分の間、子どもたちを眺めていた。なおこの間、彼はいかなる形でも子どもたちに接触はしていない。

彼はこの出来事に衝撃を受け、この出来事を精神分析医に報告するとともに、彼の加入していた性犯罪者のための自立支援団体にもこの出来事を報告した。そして、彼が公園を訪れたこと、また、そこで何を考えたかということが、匿名の報告によって彼の保護監察官に伝えられた。保護監察官は Lafayette 市当局と連絡をとり、結果として市は Doe に対して、いつ、いかなる目的であろうともすべての市の公園および学校に立ち入ることを禁ずる命令を出した。Doe は学校への立ち入り禁止については受け入れたものの、公園への立ち入りを禁ずる命令に関しては、これが彼の思考を罰するもので、修正1条のもとの権利を侵害するものであるとして訴えを起こした。

この事案に関しては、2003年に三名合議法廷によって出された判決[57]と、その後2004年に大法廷へ回送され出された判決[58]が正反対の結論を下している。この判決は、思考の自由の射程に関して重要な示唆を与えるものである。

(1) 第七巡回区控訴審裁判所三名合議法廷判決

2003年に、第7巡回区の三人合議法廷は、Lafayette 市当局の命令は Doe の修正1条のもとの思考の自由を侵害するとして2対1で命令を違憲とする判決を下した。

本判決を執筆した Williams 判事は、最高裁の判例やアメリカ憲法の伝統の中で高い地位を占めてきた思考の自由について言及する。[59] Williams 判事によれば、連邦最高裁は敬礼の強制やナンバープレートへの標語の強制が問題となった Barnette 判決[60]と Wooley 判決[61]、そして、

Stanley判決、Ashcroft判決などの先例の中で、たびたび自身の思考をコントロールする自由が存在することを認めてきた。特に、Ashcroft判決では、児童ポルノに関わるような不道徳な思考と関わるものであったとしても、自由に思考する権利は保障されると判示されている。

一方、Lafayette市側は、本件禁止命令の目的は、市の子ども達から、彼らを害するおそれのある性犯罪歴がある者を遠ざけることにあると主張した。しかしながらWilliams判事は、「本件での懸念——すなわち〔Doeの不適切な〕思考（thought）がそれのみで特定の〔子どもへの性犯罪的な〕行為を仕向けるという懸念——は、保護された思考（thinking）に轡をかける（curb）には不十分」なものであるとした。彼女は「修正1条の自由は政府が思考を支配しようと試み、また許容できない目的のための法を正当化しようと試みたときに、もっとも危険にさらされる」というAshcroft判決の文言を引用しつつ、Lafayette市が規制を正当化するために行った唯一の主張である子どもに対する性犯罪の事前の予防という目的は、思考の自由を侵害するような本件の禁止命令を正当化し得うるものではないと判示した。[62]

⑵第七巡回区控訴審裁判所大法廷判決

三名合議法廷判決後、Lafayette市側の申し出により、この事案は第7巡回区の大法廷での再審理が行われることとなった。大法廷は一転して8対3で市側の訴えを認める判決を下した。大法廷判決ではDoeの修正1条の思考の自由への侵害は認められず、公園への立ち入り禁止命令は合憲であるとされた。

大法廷判決は、「政府が個人に対して純粋な思考（pure thought）を禁じた場合、疑いもなく修正1条に抵触する」[63]と述べ、連邦最高裁の判例でも、Barnette判決やWooley判決において市民に彼らの良心と異なる思想的メッセージを公言、流布することを政府が命ずることは禁じられていること、あるいは、Stanley判決においてマインドコントロールのような形で、特定のタイプの刺激が市民に流れ込むことを遮断することは禁じられていると指摘する。しかしながら、これらの連邦最高裁の判例は「思考付随行為（thought plus conduct）ではなく、まじりけのない思考（mere thought）に対する規制のみがこの原理の引き金となる」[64]という立場を取っているのであり、行為への規制が付随的に思想を規制するような場合には憲法上の問題は生じないと述べる。本件で問題となったLafayette市の命令が禁じているのはあくまで行為であり、思考は付随的な制約を受けるのみであるから、命令は合憲となる。

大法廷判決によれば、「〔Lafayette〕市の命令は彼が子供に対して性的な幻想を抱くことを禁ずるものではない。彼が自宅や、コーヒーショップにおいてであってさえ、子供に対する性的な幻想を持ったとしても、それをとがめたて、公共の公園から彼を閉め出したりするようなものではない」[65]。原告が本件で行った行為は、単に子どもに対する性的な思考を楽しんだだけでなく、「自らを子どもとの淫行に及ぶ瀬戸際まで至らしめ」、「性的な衝動を直接子どもに向け、また傷つきやすい（vulnerable）子どもを見つけうるであろう場所に赴くことで、自らの衝動を満足させる危険な一歩を踏み出した」[66]と評価される。すなわち、Lafayette市当局、あるいはLafayette市在住の子どもとその両親の関心は、原告の思考の内容がどのようなものか、というところにあるのではなく、原告が性犯罪を犯すために子どもと確実に接触できる公園に赴いたことにある。修正1条は子どもを守るための措置を市が採ることを禁じてはおらず、従って、Lafayette市が行った規制によって、Doeの修正1条のもと思考の自由は侵害されていない。ゆえに、本件命令は合憲である。

Lafayette市判決における「純粋な思考」と「思考付随行為」の区分に関する対立

Ashcroft判決でKennedy判事は思考の自由の保護範囲について「思想（idea）と行為（conduct）の間に不可欠な線引き」[67]を行うと述べているが、Lafayette市判決で争点となったのはまさにこの区分の仕方の問題である。多数意見と反対意見はDoeの行った一連の行動が「純粋な思考」に当たるのか、「思考付随行為」に当たるのかで対立し、この点が判決の分かれ目となった。

多数意見が重視したのは、Doeが単に児童に関するわいせつな思考をめぐらしたのみならず、公園に行くことで傷つきやすい児童を危険にさらすという「行為」を行った点である。多数意見では、Doeが自宅やカフェなどで性的な思考を巡らせたのではなく、子どもが遊んでいる公園に赴いたことが重視される。自宅やカフェと異なり、公園や学校は子どもと遭遇する可能性が極めて高い場所であり、そのような場所に赴き思考をめぐらせるというのは、まさに子どもへの性犯罪の一歩手前まで踏み込むものだというのである。したがって、Doe の行為は政府の児童の安全の保障という観点から規制可能な「思考付随行為」と見なされる、というのである。

このような多数意見に対して、過去に性犯罪での有罪歴があるにせよ（あるいは有罪歴があるからこそ）、単に公園に赴き思考をめぐらせたに過ぎない Doe に対して市内のすべての学校、公園への立ち入りを禁ずる命令を出すことは、彼の「ペドフィリア」という社会的に嫌悪される思考に対する不利益取り扱いなのではないか、との批判がある。連邦最高裁は長年、人は彼らの社会における身分に基づいて処罰されえない、と言う原理を貫いてきている。もし Lafayette 市の事例で Doe に対して不利益を課すのであれば、「ペドフィリア」という社会的立ち居地ゆえではなく、子どもに実際の害悪を与えるためでなければならないが、本件の市の命令にそのような正当性を見出すのは困難なのではないか。このような批判のあり方が典型的に現れているのが、三人合議法廷で大法廷判決とは間逆の判決を書き、7対3の大法廷判決では反対意見を執筆した Williams 判事の意見である。

Williams 判事も大法廷判決と同様、Ashcroft 判決を始めとする連邦最高裁の判例法理において修正1条のもとの思考の自由の名で保護の対象としてきたものが、「純粋な思考」のみであと考える。しかし、彼女によれば、本件事案で問題となった行為が子どもに対する性欲を感じた原告が単に公園に行ったことにすぎない。公園に赴き子どもへの性的な思考をめぐらせる、という行為は確かに社会において嫌悪されるものであるかもしれないが、それ自体犯罪行為となるものではなく、立ち入り禁止の命令を受けるいわれはない。にもかかわらずDoeに対してそのような命令が出されたのは、彼の行為に着目したと言うより、彼の思考に着目し、その思考が嫌悪されるものであるためだという。Williams判事は、この点で市当局の命令の狙いがDoeの思考そのものにあることは明らかであると指摘する。

Williams判事によれば、本件で問題とすべきは「訴訟の原因となる事柄の発生地に赴き、犯罪行為をしようと考えた市民が修正1条の下保護されるか否か」という問題である。本件では、Doeが自らの思考を告白しなければLafayette市が公園への立ち入り禁止命令を出すことはなかったであろうことは明白である。(68) したがって、本件で問題となっているのはDoeの思考付随的行為ではなく、彼の思考そのものであり、連邦最高裁の判例法理に照らしても思考の自由の問題となる事案であるという。

純粋な思考への制約と思考付随的な行為への制約をどのように区分するかは困難な問題である。しかしながら、本判決の大法廷判決が述べるような、思考そのものが抑制されていなければ思考を理由とした不利益取り扱いが可能になる、という判断は誤りであろう。思考と行為を区分する際に大法廷判決が引用するOsborne判決で問題となっていたのは児童ポルノの所有という犯罪行為であり、これは児童ポルノ産業の根絶という政府利益から正当化可能であった。一方で、Williams判事が反対意見で指摘するようにDoeの行為はいかなる法律にも違反しておらず、また彼の行為によって直接、間接に犠牲となった児童も存在しない。彼に対する公園への立ち入り禁止命令は彼の思考のみを理由としているとしか考えられず、純粋な思考への制約を意図したものと解するのが妥当であろう。

むすびに——思考の自由と日本

性表現への規制に際しては、善良な性風俗に対する悪影響が規制根拠のひとつとされる。これは、「多様な性的思考を持つ人々で構成されている社会の意識を、『あるべき性意識』として標準化し、規制の基準とすることへの妥当性」[69]の問題に直結する。このことは、社会的にあるべき性意識ではない、「邪悪な」ものとされる児童ポルノ規制についても妥当する。とりわけ単純所持規制については、これが極めて強力な規制であるがゆえに、慎重な検討を必要とする。ここまで検討してきたアメリカのわいせつ物単純所持規制と思考の自由の議論は、規制の許されるギリギリの一線を探るという意味で、日本の議論にとっても示唆に富むものとなる。

アメリカの思考の自由に照らしたとき、日本の児童ポルノ単純所持規制はどのような評価を受けるだろうか。児童ポルノ規制の保護法益は一般に、①被害児童の福祉、②一般児童の安全、③社会の性道徳があげられ、これらの一つまたは複数が拠り所とされる。[70]これら①～③の保護法益は、わいせつ物の流布の禁止やゾーニングなどの規制について妥当するとしても、単純所持規制についてすべて妥当するわけではない。②について自宅での単純所持が直接的に一般児童の安全にかかわるか、社会の性道徳を害するかには疑問がある。また、Stanley 判決やAshcroft 判決の基準に照らすと、少なくとも、③の社会の性道徳を理由とした単純所持規制は、特定の道徳的価値観をパターナリスティックに押し付けるものとして、思考の自由を侵害するものと評価されるだろう。

もっとも、改正児童ポルノ法では、「児童の権利を擁護することを目的とする」（第1条）、「児童に対する性的搾取及び性的虐待から児童を保護しその権利を擁護するとの本来の目的を逸脱して他の目的のためにこれを濫用するようなことがあってはならない」（第3条）とされ、規制の対象も実在児童ポルノに限定されている。これは、改正児童ポルノ禁止法以前にいくつかの地方公共団体で制定されていた。児童ポルノ規制条例の問題点も踏まえ、慎重に議論がなされた結果ということができるだろう。[71] 思考の自由の観点からみて、日本の改正児童ポルノ法の単純所持規制は、規制が実在の児童の保護に限定される限り正当化可能であろう。一方、規制が非実在の児童ポルノ、たとえば漫画やCGに及んだ場合、規制の目的は被害児童への救済から離れる。この場合、その規制がそもそも児童性愛という「邪悪な」考え方そのものを狙い撃ちしていないか、あるいは、別の正当な目的があったとしても思考プロセスに国家が介入するだけのやむにやまれぬ利益があるか否かが問われることとなろう。

思考の自由はどれほど社会的に嫌悪される考え方でも、それを理由とした思考プロセスへの介入を許さないという強力な権利である。それゆえに、この権利が適用される場面は自宅での単純所持規制など限定的となる。しかし、改正児童ポルノ禁止法では、まさにその限定的な場面が問題となっている。少数派かつ嫌悪される考え方の持ち主を社会から排除することは容易であるが、それゆえに、自宅での単純所持のような最後の一線に規制を加える際には、実在の被害児童の保護と同等の強力な理由が求められる。

なお、本稿では思考の自由が、政府の規制からの防御権という消極的なものとして機能する事例を紹介してきた。しかし、本文中でも紹介したように、思考の自由がもつ潜在性をよりダイナミックに理解する論者もいる。自由に思考し考えを形成していく自由は、表現の自由をはじめ、自由で民主的な社会の前提条件として必要となろう。そうであるならば、前提条件を確保するための条件整備的な権利を思考の自由の積極的側面として想定することも可能かもしれない。単純所持規制は思考の自由が問題となる場面のごく一部分である。思考の自由に関するより総体的な研究は今後の課題としたい。

注

（1）改正児童ポルノ法については、園田寿・曽我部真裕編『改正児童ポルノ禁止法を考える』（日本評論社、2014年）を参照。

（2）代表的なものとして、大林啓吾「単純所持の憲法上の論点」同書43頁。

（3）「児童に対する性的搾取及び性的虐待が児童の権利を著しく侵害することの重大性に鑑み……これらの行為等により心身に有害な影響を受けた児童の保護のための措置等を定めることにより、児童の権利を擁護すること」。

（4）例えば、第28期東京都青少年問題協議会では、「子どもを強姦する、輪姦するなど極めておぞましい子どもに対する性的虐待をリアルに描いた漫画等の流通を容認することにより、児童を性の対象とする風潮が助長される」、「児童をみだりに性的対象とする悪質な漫画等は、児童を性の対象としてのみ取扱うこと、つまり児童を性的に搾取し、虐待することを是認し、児童の尊厳を損なう表現である点では、実在の児童を被写体とする児童ポルノと違いがない」などの強い言葉を用いて、非実在児童ポルノも含めた規制の必要性が指摘されている。平成22年1月14日「メディア社会が拡がる中での青少年の健全育成について　答申」。また、改正児童ポルノ禁止法案に関する国会の議論でも、児童を性的対象とした漫画が「表現の自由とか創作活動を萎縮させるとかという理由で野放しになっている」点が批判されている。平成26年6月4日衆議院法務委員会土屋正忠議員の発言。

（5）本稿で取り上げる素材に限っても、大林啓吾「所持規制をめぐる憲法問題——児童ポルノの単純所持規制を素材にして——」千葉大学法学論集28巻3号202頁（2014年）、辻雄一郎「児童ポルノとわいせつ規制にかかわる若干の憲法学的考察」駿河台法学23巻2号89頁（2010年）などがある。

（6）Stanley v. Georgia, 394 U.S. 557 (1969).

（7）Roth v. United States, 354 U.S. 476 (1957).

（8）Stanley v. Georgia, at 559-562.

（9）Id, at 563. (Cited from Roth v. United States, at 488).

（10）Id.

(11) Id, at 564.
(12) Id, at 565.
(13) Id.
(14) Id, 566.
(15) Id, at 568.
(16) Id, at 565.
(17) United States v. Reidel, 402 U.S. 351(1971).
(18) United States v. Thirty-Seven(37) Photographs, 402 U.S. 363.
(19) Id, at 376. なお、海外から持ち込んだわいせつフィルムの没収が合憲とされた事例として、United States v. Orito 413 U.S. 139(1973), United States v. 12 200-ft. Reels of Super 8mm, 413 U.S. 123(1973) がある。
(20) Paris Adult Theatre I v. Slaton, 413 U.S. 49(1973).
(21) Id, at 67.
(22) Marc Jonathan Blitz, Freedom of Thought for The Extended Mind:Cognitive Enhancement and The Constitution, 2010 Wis. L. Rev. 1049(2010), at 1084-1085.
(23) Paris Adult Theatre I v. Slaton, at 67.
(24) New York v. Ferber, 458 U.S. 747(1982).
(25) Miller v. California, 413 U.S. 15(1973).
(26) Osborne v. Ohio, 495 U.S. 103(1990).
(27) Id, at 109.
(28) Id, at 110.

(29) Ashcroft v. Free Speech Coalition, 535 U.S. 234(2002).
(30) Id, at 246-248.
(31) Id, at 249-251.
(32) Id, at 253.
(33) Id,(cited from Stanley v. Georgia).
(34) Id.
(35) たとえば、Schneiderman v. United States, 320 U.S. 118(1943) では「思考の自由は……我々の政治制度における基本的な特徴」として強調されているし、United States v. Ballard, 322 U.S. 78(1944) では「信教の自由を含む思考の自由は、自由な人間の社会における基本的な事柄である」という言明がある。また、Palko v. Connecticut, 302 U.S. 319(1937) では「ほとんど全ての自由の母体であり、必須条件」として「自由な思考」の権利が挙げられている。
(36) Adam J. Kolber, Two View of First Amendment Thought Privacy, 18 U. Pa. J. Const. L. 1381, at 1386-1387.
(37) Id, at 1394-1395. もっとも Kolber は、わいせつ以外のフィルム等は作成者の表現の自由の問題として理解できるし、表現を受け取る自由として Stanley 判決を理解する余地もあると述べている。
(38) Id, at 1390.
(39) 知的プライバシーは、思想的介入の禁止から、Google などでの情報収集の自由まで、幅広くカバーする理念であるが、詳細については別稿で改めて考察する。
(40) Neil Richards, INTELLECTUAL PRIVACY,(Oxford University Press, 2015), at 95.
(41) Id, at 127.
(42) Id, at 127-128.

(43) ここでの規制目的は、単に政府の主張する目的や、文面上の目的に限られないと思われる。すなわち、規制手段から邪悪な規制目的があぶりだされるような場合においても、その既成は道徳的コントロールをもくろむものとして違憲となろう。
(44) Blitz, supra note 22, at 1084-1085.
(45) Id, at 1084.
(46) Jed Rubenfeld, The Freedom of Imagination: Copyright's Constitutionality, 112 Yale L. J. 1(2002), at 40.
(47) Dana Remus Irwin, Freedom of Thought : The First Amendment and the Scientific Method, 2005 Wis. L. Rev. 1479(2005), at 1509.
(48) Blitz, supra note 22, at 1084.
(49) Irwin, supra note 47, at 1507.
(50) Blitz, supra note 22, at 1085.
(51) Id, at 1075.
(52) Marc Jonathan Blitz, The Freedom of 3D Thought: The First Amendment in Virtual Reality, Symposium :The Future of Self-Incrimination: Fifth Amendment, Confessions, & Guilty Pleas, 30 Cardozo L. Rev. 1141(2008), at 1141-1158, 1185-1206.
(53) Blitz, supra note 22, at 1072.
(54) Frederick Schauer , Free Speech: A Philosophical Enquiry, (Cambridge University Press, 1982), at 94.
(55) この問題は思考の自由の原理論とかかわる困難な問題である。思考の自由が究極的に何を保護するのか、保護はなぜ正当化されるのか、という問題は今後の課題としたい。
(56) 日本語で言うと「名無しの権兵衛」のことで、匿名の原告を指す。

(57) Doe v. Lafayette, 334 F. 3d, 606(7th Cir. 2003).
(58) Doe v. Lafayette, 377 F. 3d, 757(7th Cir. 2004).
(59) Doe v. Lafayette, 334 F 3d., at 609-610.
(60) West Virginia State Board of Education et al v. Barnette et al, 319 U.S. 624(1943).
(61) Wooley v. Maynard, 430 U.S. 705(1976).
(62) Doe v. Lafayette, 334 F 3d., at, 610. 〔〕内は執筆者。
(63) Doe v. Lafayette 377 F. 3d., at 765.
(64) Id.
(65) Id, at 766-767.
(66) Id, at 767.
(67) Ashcroft v. Free Speech Coalition, at 253.
(68) Id, at 778(dissenting opinion by Williams).
(69) 後藤弘子「児童ポルノ規制をどう考えるか」法学セミナー671号40頁（2010年）、40頁。
(70) 安部哲夫「なぜ児童ポルノは規制されるのか？」法学セミナー671号37頁（2010年）、38頁。
(71) 条例の展開については、曽我部真裕「条例による児童ポルノ単純所持規制の試みが残した教訓」園田寿・曽我部真裕編『改正児童ポルノ禁止法を考える』（日本評論社、2014年）91頁を参照。

第Ⅲ部

変質する権力とメディア

第6章　米大統領選とメディア
——フェイクニュースとマスメディアの信頼性の考察を中心に

大塚一美

はじめに

2016年米大統領選において、当初「泡沫候補」、「イロモノ」と見られていたトランプ氏が大統領に就任したことは、世界に驚きを与えた。なぜ、このような結果になったのか、なぜ予測し得なかったのか、という疑問が生じた。折に触れて、アメリカのジャーナリズムや表現の自由について考察してきた筆者は、トランプ大統領誕生の背景にあるメディアの問題、表現の自由環境の変化について、検討したいと考えた。

「フェイクニュース」、「ポストトゥルース」、「オルタナティブファクト」といったキーワードが選挙戦から現在に至るまでトランプ氏を象徴している。トランプ氏のソーシャルネットワーキングサービス（SNS）利用が大統領選の結果に与えた影響や大統領就任後の情報発信の在り方もメディア論の見逃せないテーマである。オバマ前大統領もSNSを使ったが、トランプ氏にはどのような特徴があるのだろうか。

メディア環境が技術的に変化・進展したことによって、誰でもどこからでもスピーディーな情報発信が可能となった今、これまでの表現の自由の考え方の枠組みでは、解釈できないことが出てきているのではないか。また、旧来のメディアが果たす、あるいは、果たし得る役割は、旧来のメディア全盛期に活躍していた人々が考えるものとは、大きく変わってきているのではないだろうか。

例えば、新聞やテレビなどの伝統的なマスメディアに「フェイクニュースを正す」という役割を期待できるのだろうか。もちろん、各マスメディアはそれぞれが正しいと判断した情報を流すだろう。しかし、それがフェイクニュースの消費者の認識を変化させるに至るだろうか。それは困難だろう、というのが、トランプ大統領誕生とその後をみた筆者の感触である。[1] 本論文では、米大統領選とメディアの考察を通して、日本への示唆となるような論点を提示することを目的とする。

各メディアの報道分析については、コーディングの客観性、公平性の観点、また量的な処理能力の問題から筆者単独で行うことは困難であると判断し、先行研究を採用した。先行研究を読み解くのに必要な特定の報道、SNSによる情報発信を確認するという方法で行った。また、各種世論調査は原稿執筆時に最新のものを採用した。

1　大統領選とフェイクニュース

2016年の米大統領選は、誰もが簡単にフェイクニュースを発信できるようになって初めての大統領選となった。2007年頃からソーシャルメディアが普及したが、大手メディアのようなインターネットサイトを作成できるソフトの普及などで、訴求しやすい形での情報発信が一般人にも容易になってきたという要因が加わり、2016年になり、フェイクニュースが爆発的に増加したとみられる。

また、フェイクニュースは儲かる、と一部の発信者に認識されるようになったのも2014年~2016年である。(2) 前回の大統領選は、ソーシャルメディアは普及していたものの、フェイクニュースの隆盛は迎えていなかった。そのため、フェイクニュースがソーシャルメディアを通して拡散するという現象が人々の判断に与える影響があったとしても、限定的であったと考えられる。

2016年の米大統領選やトランプ政権におけるフェイクニュース関連の問題から、その発信、消費、対策について、無関係の者によるフェイクニュース発信、トランプ大統領自身による情報発信が事実に反している場合、自らに批判的なメディアの報道をトランプ大統領がフェイクニュースと断じる場合、を考察する。

無関係の者がトランプ候補や対立候補に関するフェイクニュースを発信する場合

最初の分類は、大統領選候補者や政党といった当事者ではなく、当落に利害関係のない者が発信するフェイクニュースである。利害関係はないが、特定の候補者を支持する者による情報発信はこの分類に入る。また、大統領選に乗じて、サイトの広告収入を増加させる目的のフェイクニュース発信もこの分類である。

大統領選終盤の3か月において、「フェイスブック上では、主要メディアの選挙ニュースよりも偽の選挙ニュースの方がエンゲージメント（いいね！やシェア）を獲得していた」という分析結果がある。(3) これによると、２０１６年８月～選挙日において、ニューヨークタイムズ、ワシントンポストなどの主要19ニュースサイトの選挙記事の上位20件には合わせて７３６万７０００件のエンゲージメントがあったのに対し、「いたずらサイト」や「特定の政党を強く支持するブログ」が流した偽の選挙記事は、上位20件で合わせて８７１万１０００件のエンゲージメントであった。また、この20件のうち17件までもが「明らかにトランプ候補を応援する、またはクリントン候補を批判する記事」であったという結果も出ている。「選挙が接戦になるに従い、偽記事は急上昇し、主要メディアの記事を上回った」という。それ以前の期間においては、主要メディアからの記事のエンゲージメントが上回っていた。他のＳＮＳもフェイクニュースを拡散しているが、ピューリサーチセンターによる最新の調査で、米国の成人の44％がフェイスブックでニュースを見ているとされ(4)、そのニュースフィードに掲載される記事の影響力が大きい。

この分類のフェイクニュースの代表的な例は、「ローマ法王がトランプ氏を支持した」（発信したサイト名：Ending the Fed）である。このニュースの内容は、冷静に考えればすぐにウソだと分かるのではないか、と思えるものである。しかし、大統領選関連のフェイクニュースの多くがトランプ候補を応援、あるいはクリントン候補を批判する内容であったことからすると、トランプ氏の支持者が自らの支持を補強する情報を好み、選択的に情報に接し、多数のエンゲージメントに至ったと考えられる。そして、この記事が極めて多く拡散した結果、純粋に信じてしまう、またはウソだという可能性に思いが至りつつもその話題性から、自分も「いいね！」やシェアをするという行為が繰り返されたのではないか。主要メディアのものではない、著名でないニュースサイトからの発信というだけでは、フェイクニュースの影響力は極めて限定的となるだろう。フェイスブックで共有され、拡散したことこそがフェイクニュースが影響力をもった主因である。

既存マスメディアとの関連では、「アメリカ国内の多くの既存ジャーナリズムが、『トランプが大統領なんてないわー』とばかりにこぞってヒラリー支持に向かったため、トランプを好意的に取り上げるニュースフィードは、アメリカ国内では大して供給されなかった。その飢餓感を突いたのが、海外で粗製乱造されたフェイクニュースだったのである」、「フェイクニュースを含めたウェブ上の言論や活動に目を向けることを怠った既存メディアの側の基本姿勢にも、フェイクニュースが広まった原因があった、ということになりそうだ[5]」と指摘されている。

この事象への対策

フェイクニュースの「温床」とされたフェイスブックは、どのような対策を講じたのか。フェイスブックのマーク・ザッカーバーグCEOは、かねてから自社は報道機関ではなく、ニュースの内容やニュースフィードに現れたステイタスには責任を持たない、と述べてきた。また、大統領選へのフェイクニュースの影響も当初強く否定していた。

しかし、フェイスブックへの批判が高まる中、これまでの主張を変化させた。同氏は2016年11月18日に自らのフェイスブックで虚偽情報の拡散を防ぐ手立てを講じると発表した。その後、12月15日にニュースフィード責任者であるアダム・モセリ副社長名でニュースフィード上のフェイクニュース対策を発表した[6]。その対策とは、ユーザーが"Disputed"(真偽がはっきりしない、疑いがある)というフラグを付けることを可能にし、当該記事を第三者ファクトチェック機関であるPoynterの"International Fact-Checking Network fact-checkers' code of principles"の加盟団体[7]が確認するというものである。フェイスブックが自社で真偽を判断するのではなく、その判断を外注するというのが特徴である。自社が真偽判断に関与しないことにより、自社のこれまでの主張と折り合いを付けようとしていることが見える。

トランプ大統領自身による情報発信が事実に反している場合

なぜ、トランプ大統領のツイッターは読まれるのだろうか。間違いやウソの断定的物言いによる発信ばかりでなく、差別的、暴力的発言もあり、一市民なら許容されるとしても、一国の大統領による情報発信としては不適切なツイートが少なくない。アメリカ大統領の発言が世界中に与える影響は大きく、ツイッターが世界から注目されることは当然である。トランプ大統領のツイートに米国内や世界各国の政治・経済・産業界で「仕事として」対応しなければならない人々も多い。その一方で、一般市民がトランプ候補・大統領を支持し、ツイッターを愛読する理由は何か。

そこで、トランプ氏が大統領選の候補者として支持されるに至った理由を考えたい。当初は泡沫候補とされ、共和党の正式な候補者となってからも、当選するとまでは予測できなかった米メディアが大半であった。なぜ、トランプ氏が支持を得たのか。なぜ、人々は彼の情報発信に惹かれてきたのか。

その理由は、①露出狂的自己顕示、②政治素人、③ソーシャルメディア時代のスピード感に適合、にあるのではないか、と考える。まず、①露出狂的自己顕示とは、自分をさらけ出すことによって、飾らずに発言しているように見えることであり、「彼は、一貫して裸になって、自らをさらけ出し、ツイッターで敵に対する罵詈雑言の限りを尽くす。しかも、それが『人間っぽくていい』ということになっているわけです」、「確かに露出が一面で『真実の吐露』であるのは事実ですから、『あの政治家だけは分かってくれる』みたいに一度人々にマインドセットされてしまうと、それを崩すのはけっこう骨が折れるような気がします」[8]というように、トランプ氏の発信の仕方は、一般人の支持獲得につながる要素がある。同氏は、大統領候補になる前からテレビ出演や不動産王として著名であり、成金の象徴、資本家側の人間であったはずである。資本家層を憎むはずの低所得層からの支持を獲得した理由は、この「さらけ出し」とそれによる「人間っぽさ」にあったと考えられる。

次に、②政治素人という要素は、政治・軍隊の経験がないことがこれまでの政治家とは異なり、大統領候補としての「新鮮さ」をもたらしたことである。特に対立するのがヒラリー・クリントン候補であったこともこの点を際立たせている。トランプ候補の情報発信は、自分の思いを躊躇なく発言してしまう点に特徴があり、これが従来の政治家に付きまとう「隠蔽体質」や「建て前を言う」というイメージと対極にあった。これまでの政治家像と余りに異なるトランプ氏を支持してみよう、という人々が多く出現するのも選挙戦を振り返ることのできる時期になってから考えると納得のいくことである。

最後に、③ソーシャルメディア時代のスピード感に適合とは、トランプ候補・大統領のツイッターがソーシャルメディアの速度感に乗っているということである。ＳＮＳにおける情報流通の速度が従来のメディアとは比較にならないほど速いことは周知である。ＳＮＳで人々が情報を消費するスピードに適合、またはその少し先を行くことで、自身にとって、効果的な情報発信ができているとみられる。「トランプはツイートそして行動というやり方を利用して、彼が望む時に主題を変えることを可能にしている。選挙戦中も彼のダメージとなるたくさんの暴露があったが、多くの有権者がそれを聞くチャンスを得て、それを考える前に、このツイッター戦略で隠すことができた」(9)というように、他から発せられる自身に不利な情報を人々が処理するスピードよりも速く、別の話題をツイートし、人々に考える暇を与えなかったのである。

これらの理由でトランプ氏のツイートが支持されていると考えられる。トランプ候補への支持を決め、彼が当選し、自分の選択は間違っていなかったと補強された人々にとっては、ツイートの内容が真実か、間違いか、故意のウソか、ということはそれほど重要な意味を持たなくなっているのではないか。したがって、この事象への対策としては、トランプ氏のツイッターを読む際に冷静な判断が可能となる仕組みの提供が必要である。

この事象への対策

ワシントンポストは、２０１６年12月19日、トランプ氏のツイートを記者が検討した結果をツイッター画面に表示させるChrome用拡張機能“Real Donald Context”を発表した(10)。この機能を追加すると、トランプ氏のツイートに「これは間違い又はウソ」との表示とそれを裏付けるワシントンポスト記事へのリンクが掲載される。ツイッターを閲覧する者に直接判断材料を提供する仕組みになっていることで、トランプ氏のツイッターを情報源にしている人、楽しみにしている人に情報の真偽について考えさせることができる。しかし、真のトランプ心酔者は、彼を疑うようなこうした機能を加える判断には至らないであろうということ、ワシントンポストを信頼していない人々には全く通用しないことが課題である。

ツイッターは、2017年秋現在、前項で取り上げたフェイスブックのようなフェイクニュース対策を取っておらず、デフォルトとしてのフェイクニュース警告機能を持っていない。ツイッターもフェイスブックと同様、「情報の真偽を判断する立場にない」としてきた。プロダクト担当のキース・コールマン副社長は、インタビューで「Twitterの強みは、誰かのツイートに対して、ユーザーが誰でも反論したり、情報を付け加えたりできることだ。Twitter上では会話がハイライトされるため、文脈や議論が追いやすい。Twitter自身が『これが正しく、これが間違い』と判断する予定はないが、ユーザー同士の議論をハイライトすることで、何を信じるべきか、何が真実か、ユーザーが判断することを助けたい」と答えている。[11]

自らに批判的なメディアの報道をトランプ大統領がフェイクニュースと断じる場合

トランプツイッターアーカイブ[12]によれば、トランプ大統領が大手メディアをやり玉に挙げるなどした「フェイクニュース」の語が含まれるツイートの件数は、2017年11月27日時点で145件に及んでいる。2月17日には、「フェイクニュースメディア（ニューヨークタイムズ、CNN、NBSNews、その他たくさん）は、私の敵ではない、アメリカ人の敵だ！」とツイートし、トランプ大統領のメディアへの態度が特に明確になった。著名な既存メディアを「フェイク」と断定することで、それこそが偽情報だとしても、アンチ既存メディア層の支持を獲得、維持することが可能である。4で述べるように、米国における既存メディア不信は深刻である。公共政策団体「デモクラシー基金」のジュネーバ・オーバーホルサー上級研究員は、「（既存メディアが）トランプ氏の発言を『大うそ』などと断じても、逆に人々を怒らせるだけだ。トランプ氏の支持層と心を通わせる努力が必要だ」と指摘[13]している。トランプ大統領が既存メディアに対し「フェイクニュース」と断ずるツイートもスピードが速く、人々がひとつひとつに冷静に反応するのは困難である。

この事象への対策

この事象への対策としては、従来とは異なる方法で既存メディアの信頼が取り戻されなければならない。なぜなら、既存メディアのこれまでの取材報道、特に大統領選における一方に偏った報道を一因に信頼が低下し、既存メディアへの信頼を失った層とトランプ氏のツイッター支持層が重なっている以上、既存メディアによる対応には限界があるからである。第三者的、客観的な取り組みが必要である。

既存メディアの信頼回復とリテラシー向上を目的として、2017年4月に創立を発表したニューヨーク市立大学ジャーナリズム大学院のコンソーシアム「ニュース・インテグリティ・

イニシアティブ」[14]は、今後この役割を果たし得るのではないか。これは、フェイスブック等のプラットフォーム事業者や学術機関、ジャーナリズム組織などが参加し、運営資金はナイト財団やフォード財団など著名な財団が提供している。

前述のように、多量のフェイクニュースがソーシャルメディアを通して多くの人々に共有されている。また、トランプ大統領や政権による誤った情報やウソも多量かつスピーディーに発信されている。ファクトチェックは、フェイクニュースの拡散防止に有効であるが、情報の検証には時間、有能な人材、費用が要る。的確なファクトチェックがフェイクニュースのスピードに追い付くことは不可能である。この「ニュース・インテグリティ・イニシアチブ」は、個々のフェイクニュースに対応するのではなく、そもそもの情報の質を向上させることを目的としている。ソーシャルメディアや新聞、テレビの報道の質を確保し、事実に即した報道が行われる体制を整備しようというのである。緒に就いたこの取り組みに注目したい。

2 フェイクニュースの時代の表現の自由

社会・技術的環境変化と従来の理念の限界

そもそも、フェイクニュースが簡単に拡散するという背景には、こうした情報の流通を許す環境がある。「いみじくも、虚の拡散という問題は、名もない個人が自由に言いたいことをいい（書き込み）、しかもそれを不特定多数の人々に瞬時に発信できるという言論環境が達成されたからこそ、生じているのではないか[15]」と指摘されている。すなわち、表現の自由と技術的手段を既に獲得した社会において、フェイクニュースの拡散が起きるのである。

アメリカにおけるフェイクニュースの隆盛を見れば分かるように、たとえ大統領選挙の結果に重大な影響を及ぼすような情報であっても、虚偽であるというだけは法的規制を受けない。また、メッセージの拡散を媒介しているプラットフォームにも、拡散を制限するための規制は課されていない。しかし、その状態が社会にとって最善であるかというと、疑問もある。表現の自由をこれまで通りの基準で維持していくことが、社会にとって重大な悪影響をもたらしかねないのである。一例として、フェイクニュースが拡散したことによって、「ピザゲート事件」と呼ばれる実際の銃撃事件が引き起こされた。「虚の拡散のような、表現の自由が達成されたことによって生み出される問題に、表現の自由という理念の中にとどまったまま対処することはできない。言い換えれば、現代においては、より高次の自由と選択の問題が新たに提起されていると考えなくてはならない。（中略）「『表現の不自由』を選択する自由」を考え、構築していかなければならないことを示唆している[16]」という指摘の通り、表現の自由の従来の枠組みを再検討すべき時がきているのではないか。

フェイクニュースの法規制

フェイクニュースの法規制について考察する場合、フェイクニュースの内容によって法規制の是非が異なる。まず、フェイクニュースが他人の名誉を毀損したり、他人の私生活上の行状らしく受け取られ、プライバシーを侵害する場合は、従来同様の法的枠組みで対処可能である。また、フェイクニュースにより、業務妨害や株式相場を変動させるような風説の流布が行われた場合も従来の法的枠組みを採用できると考えられる。これらの場合に、責任を追及されるのは、フェイクニュースを発信した人物や拡散した人物が想定される。その人物が匿名で不明の場合は、日本の「プロバイダ責任制限法」にあるような発信者情報開示請求で特定することが可能だ。こうした従来の枠組みにおいては、責任を負うのは、フェイクニュースの発信者ということになる。

このような従来の枠組みに対して、近年のフェイクニュースの拡散では、プラットフォームの責任の有無が核心的問題である。個人による情報発信が直接、人格権や営業利益等に与える影響力をはるかにこえ、SNSによってそれが拡散され、不特定多数の人に、素早く、繰り返し伝達されることで影響力が増し、被害が甚大になるからである。SNSを通じて拡散した場合に、その法的責任をプラットフォームに問えるのか。アメリカでは、大統領選を通してフェイクニュースの問題が大きくなりながらも法的規制への流れは見られなかった。また、フェイスブックのフェイクニュース対策でも言及したように、プラットフォーム自らが情報の真偽を判断することも避けられ、第三者の判断を取り入れる方策に重きが置かれている。

しかし、２０１７年秋、米連邦議会ではＳＮＳ規制へと舵が切られた。背景は、大統領選でロシア政府の意をくんだＳＮＳ上の広告が民意を歪めたとの指摘があり、ロシア疑惑が収束を見せないことである。ロシアがトランプ候補に有利なフェイクニュースをネット上に流したとされ、特にフェイスブックがこの問題の舞台となったと考えられている。悪意の広告やフェイクニュースの広がりを受け、議会はＳＮＳ規制へと動いている。

10月19日には、略称を The Honest Ads Act というネット広告規制法案が上下院に超党派で提出された[17]。この法案は、インターネット上の政治広告にもテレビ、ラジオと同様に、広告の拠出情報等の開示ルールを適用し、外国政府がＳＮＳを利用して米国の選挙に影響を与えるような事態を防ぐことが目的とされる。この法案は、広告規制であり、フェイクニュースを直接規制するものではないが、広告体裁でトランプ候補に有利なフェイクニュースが掲載されていたことが問題視されており[18]、実質的にフェイクニュース規制の効果を持つものである。11月1日に行われた上院情報委員会の「２０１６年米大統領選でのＳＮＳの影響」と題する公聴会では、フェイスブックの幹部らが議会の追及を受けた。ＳＮＳ側は、プラットフォームは場所を貸す存在で問題となる投稿を事前に防ぐことは難しいと主張したが、議員の多くはＳＮＳも責任を負うべきとした。上記法案とは別に、「プラットフォーム企業は利用者の投稿内容に責任を負わない」とする通信品位法２３０条[19]の見直し論も出ている。

3　米メディアによる　トランプ大統領への対応

政権によるメディア排除への抗議

トランプ政権の強硬な態度に各メディアはどのように対応しているのだろうか。トランプ氏は選挙戦中、政権発足前からメディアに強硬姿勢を示した。のちに撤回されたものの、就任直前には政権発足後にホワイトハウスから報道陣を退去させる、記者会見場を閉鎖するという意向を示すなど懸念される点が多かった。

政権発足約1か月後の2017年2月24日には、ホワイトハウスのショーン・スパイサー報道官が非公開のブリーフィングから、複数の報道機関を締め出すという事態が発生した。政権に対し批判的な報道を行い、度々トランプ大統領の攻撃を受けてきたニューヨークタイムズ、CNN、ロサンゼルスタイムズのほか、ポリティコ、ハフィントンポスト、バズフィードなどのネットメディアも出席を禁じられた。AP通信とタイム誌は出席を許可されたが、抗議のため参加をボイコットした。ホワイトハウス記者協会の代表、記者グループFriday's White House press poolのほか、主要な報道機関のジャーナリストが一斉に抗議を行った[20]。以下に締め出されたメディアの抗議声明の要旨を挙げる。

ニューヨークタイムズ　ディーン・バケット編集主幹
「ニューヨークタイムズと他の報道機関に対する締め出し措置に強く抗議する。政府の透明性と報道の自由が、極めて重要な国益であることは言うまでもない」
CNN communications @CNNPR ツイッター[21]
「トランプ政権による今回の行為が、都合の悪い事実を報じるメディアに対する報復措置なのは明らかであり、このような動きを容認することはできない」
ポリティコ　ジョン・ハリス編集主幹、キャリー・ブドフ・ブラウン編集長がスタッフに宛てたメモ
「ホワイトハウスでの説明会から特定の報道機関を選択的に除外したことは間違いであり、このような行動が二度と繰り返されないことを期待している」
バズフィード　ベン・スミス編集長
「ホワイトハウスが、自分たちにとって好ましくない記事を掲載している報道機関にあからさまな制裁を加えようとしていることに強く反対する」
ブリーフィングへの参加を拒否されたメディア、参加を許可されたメディア、許可されたが抗議のためにボイコットしたメディアと、政権によって分断された米メディアであるが、主要メディアの対応は一致していた。ホワイトハウス記者協会は、参加を拒否されたメディアに情報を共有するとともに、記者協会として、ホワイトハウス側との協議を行った。

どのように伝えたか――報道分析先行研究より

多くのメディアはトランプ大統領就任前から、新政権の情報提供方法やメディア選別に懸念を抱いていた。そして、就任間もなくの上記締め出しでは、主要報道機関が一致して抗議した。このように、トランプ大統領と政権が報道の自由を侵害しようとする場合に、メディアが主張を超えて協力していることは評価されるべきだ。しかし、そのような取材プロセスでの努力は、読者視聴者からは見えにくい。各メディア、あるいは、ジャーナリズム全体を信頼できるか、できないかの評価は読者視聴者に対して直接示される報道内容に対する評価が最も重要な要素であろう。

そこで、以下では、トランプ大統領をめぐる報道にどのような特徴が見られたかに注目する。トランプ大統領就任から１００日間（２０１７年1月20日～4月29日）の報道を分析した“News Coverage of Donald Trump's First 100 Days”[22]を参照する。

⑴量的特徴

従来の大統領に関する報道量と比較すると、今回の場合、「トランプ大統領は、全てのニュース報道の41％で話題となり、これは従来の量の3倍である[23]」。新聞、テレビともに報道量が多かった。

トランプ大統領がニュースで扱われた場合に、誰が話者になっているかも調査している[24]。テレビニュースにおける発言時間の割合を計測した結果、65％が大統領自身であった。そして、報道官を含む政権メンバーが11％、政権内外の共和党員が4％を占め、80％に上るニュースが「トランプ大統領側」の話者によるものであった。反対勢力の者が話者となった量は極めて少ない。

大統領に関する報道量は従来と比較して多く、トランプ大統領自身が話者となっているテレビニュースが高い割合であった点が特徴である。

⑵内容的特徴

・取り上げた話題

調査対象である米国の計7メディアが取り上げた話題の順位や割合は類似していた。「移民」、「ヘルスケア」、「テロリストの脅威」が上位となった。新聞は、比較的、移民問題とトランプ大統領による任命関係に注目し、テレビは、比較的、ヘルスケアに時間を割いた。7メディアの話題の取り上げ方には、共通点が多かったが、FOX NEWSには明確な特徴があらわれた。「ロシアによる米大統領選干渉」について、他の6メディアの平均と比べ、半分以下であった。[25]

・大統領に「肯定的」か「否定的」か

100日間のトランプ大統領関連報道から、トーンが明らかであるものを抽出し、その報道がトランプ大統領にとって「肯定的」であったか、「否定的」であったかをコーディングした結果、80％が否定的、20％が肯定的であった。これは、直近3大統領についての同様の調査と比較すると、際立って「否定的」が多い。[26]

7メディアを個別に見ると、「否定的」の割合が高い順に、CNN 93%、NBC 93%、CBS 91%、ニューヨークタイムズ87%、ワシントンポスト83%、ウオールストリートジャーナル70%、FOX NEWS 52%であった。ここでもFOX NEWSには、「他の6メディアの報道の平均よりも、34%も『否定的』の割合が低かった」[27]という特徴が見られ、巷間言われるFOX NEWSの報道姿勢は数字に表れ、明らかになった。

話題別で見ると、トランプ大統領について「否定的」の割合が高かったのは、「移民問題」96%、「ヘルスケア」87%、「ロシアと大統領選」87%であった。

・トランプ大統領に否定的な報道の特徴

この調査は、報道に登場する話者と報道の「肯定的」・「否定的」を合わせて考察し、非常に特徴的なことを見出している。それは、「トランプ大統領に関するテレビニュース（のサウンドバイト）の3分の2ほどの情報源がトランプ大統領自身であるという事実にもかかわらず、トランプ大統領をめぐる報道が極めて否定的であるのは、まさに特筆すべきことだ」[28]という点である。通常、ある立場が否定的に扱われる場合は、その立場の人々がメディアで登場・発言するチャンスに恵まれていない。この調査報告書は「ここ10年間、ムスリムに関するアメリカの報道は75%以上が否定的である。ムスリムの人々は、彼らの立場を語るチャンスがほとんどない」[29]と例示している。では、なぜ、トランプ大統領の場合は、話者として多く取り上げられているにもかかわらず、報道のトーンは極めて大統領に否定的なのか。その答えとしては、

「就任後100日間、大統領は防御的に過ごし、大統領令、立法の主導権、任命、その他の政策でできるだけ良いところを見せようとしたが、うまくいかなかった[30]」からであるとの可能性を提示している。

(3) この報道分析から判明したこと

トランプ大統領をめぐる報道の量は、過去と比較して多い。その話者は「トランプ大統領側」が80％を占めている。そうであるにも関わらず、トランプ大統領に否定的な報道が極めて優勢であることは、トランプ大統領を扱い、本人を話者として採用しながら、報道機関側が大統領本人の意図とは異なる報道を行っているということである。例えば、テレビニュースの中で、トランプ大統領自身は発言やツイートにおいてある政策が「うまくいっている」と述べていても、ニュースのトーンとしては否定的、つまりその政策は「うまくいっていない」ものとして伝えられる。

ここにメディアの評価、価値判断が大きく入っている。報道にメディアの価値判断が入るのは当然であるにせよ、価値判断の入り方が極端である場合は、「偏向」として捉えられる可能性がある。この報道分析の結果から、「プレスの信用の低さ」の原因として、「プレスに対する公衆の信頼の低さは、いくつかの要素の結果であるが、そのひとつは、ジャーナリストが偏向していると信じられていることだ。そうした認識があることは、プレスの番犬としての役割を弱める」、「番犬は双方に同じ報道基準を適用する偏らない仲介者であると公衆が認識するまで、この国の番犬はその噛みつく役割の多くを失い、その役割を再獲得することはできないだろう[31]」と指摘されている。

4　既存マスメディアは事態を良くできるのか

メディアの信頼度

メディアの信頼度の調査には、調査目的、対象メディア、国際調査か国内調査か等、様々なバリエーションがあるが、本論文では2つの調査結果について検討した。⑴マスメディアの信頼度では、マスメディア一般に対する信頼度を、⑵メディアの情報発信と大統領自身の情報発信では、情報発信の信頼度の比較を取り上げる。

⑴マスメディアの信頼度

米国の世論調査会社であるギャラップは、アメリカ人のマスメディア信頼度調査を1972年から行っている。本項で取り上げる調査結果[32]は2016年9月14日に発表された。マスメディアが「ニュースを完全に、正確に、公正に報道している」と信頼・信用するかについて、「とても」と「まあまあ」の合計は、32％で、2015年の調査から8ポイント低下した。これは、調査史上最低記録である。過去の調査において、同じ設問で1976年に72％の最高値を記録した。この背景にはウオーターゲイト事件、ベトナム戦争があり、調査報道揺鑑期でジャーナリズムへの期待が高かったことが挙げられる。その後は、１９９０年代から２０００年代初頭までは50％台半ばを推移し、２００７年以降は継続して50％を下回り40～44％を推移してきた。２０１６年調査の前年比8ポイント下落は、下落幅としては極めて大きい。

２０１６年調査でもうひとつ特徴的であったのは、共和党支持者のマスメディア信頼度の急落である。同じ設問で、共和党支持者では14％となり、２０１５年の調査から18ポイント下落した。民主党支持者は51％（前年比４ポイント下落）、無党派層30％（前年比３ポイント下落）と比較しても、急落ぶりが伺える。この結果については、「メインストリームメディア」における両候補の扱いの違いが共和党支持者のマスメディア信頼度が急落した主要な理由であろう、と説明されている。

(2)メディアの情報発信と大統領自身の情報発信

米コネチカット州のクイニピアック（Quinnipiac）大学は、様々な社会調査を公表しているが、大統領選およびトランプ大統領関連の調査の中から、２０１７年2月22日公表の調査[33]を取り上げる。この中の「トランプ大統領とメディア」の調査結果を見る。まず、回答者の90％は、「公職者に説明責任があるとニュースメディアが考える」ことが「非常に重要」または「ある程度重要」と答えた。また、50％の回答者は、ニュースメディアがトランプ氏を扱った報道方法に不満である、と回答した。61％の回答者は、トランプ氏のメディアに関する語りぶりに不満である、と回答した。

そして、信頼度については、「重要な事柄についてあなたに真実を語っているか」について、トランプ氏よりもメディアを信用する回答者が52％であった（逆の回答は37％）。この結果について、この調査の担当者は、「トランプ政権によって悪しき物と言われているメディアは、実際はトランプ大統領よりもずっと支持されている」と指摘している。

両調査結果の考察

⑴の結果からは、選挙戦後半の2016年9月時点で、マスメディアのニュースの完全性・公正性・正確性への信頼度が調査史上最低を記録したことが分かった。前年からの下げ幅も大きい。特に共和党支持者で急落が見られることは、選挙報道の問題点を浮き彫りにしている。両候補の扱いの違いが顕著であったことがマスメディアの偏向ととらえられている。

⑵の結果からは、非常に多くの人々が、公職者が説明責任を果たす場としてメディアが機能することを重視していることが分かった。しかし、トランプ大統領をめぐっては、メディアによる報道方法、大統領自らのメディア批判とともに、不満が半数以上となった。また、「重要な事柄について真実を語っているか」については、メディアの方が信頼度が高いとの結果が出た。マスメディアによる解釈、操作等が介在しないSNSによる情報発信が盛んなトランプ大統領において、「真実を語っている」という評価が低いことは、トランプ大統領自身の信頼性が低いことを物語る。

以上の結果から、米国の人々は、公職者の説明責任の場としてメディアを非常に重視しているが、大統領選における情報発信には不満を抱いている。特にマスメディアのニュースの公正性等への信頼度が史上最低を記録したことが注目に値する。選挙において、報道が片方の候補者に偏っていると認識されることは、報道全体の信頼度を低める要因になるといえる。

既存マスメディアの信頼性と修正可能性

「はじめに」の脚注に示したように、在米ジャーナリスト津山恵子氏は、「『偽ニュース』の蔓延は選挙後も止まず、伝統的メディアがデジタルの世界でどうユーザーにリーチし教育するのか、新たな手法を構築すべき時が来ている」と述べている。これは、『新聞研究』２０１７年1月号に掲載された論考「『ポスト選挙』の課題残った米新聞界」冒頭の一節である。筆者は、この「伝統的メディアがユーザーに教育する」という発想に大きな違和感を抱いて、本研究を始めた。果たして、アメリカのマスメディアにそれは可能なのか。

本節で取り上げたように、マスメディアの信頼度は低い。そのような中で、既存マスメディアがＳＮＳを介して拡散するフェイクニュースの修正役を担えるのか。まず、リーチすべきＳＮＳ利用者とは、フェイスブックの利用者が成人では44％、全体では60％以上と多数に上ること、ニュースをＳＮＳ（例えば、フェイスブックのニュースフィード）で見る人が多いことが分かっている。また、大統領選をめぐるフェイクニュースでは、トランプ候補支持、クリントン候補批判のフェイクニュースが大半であったことから、そうしたフェイクニュースの愛好者はトランプ支持者が多いことが予測される。さらに、マスメディアの信頼度低下では、両候補の扱いの偏りから、特に共和党支持者の信頼度が低下していた。こうしたことを考えると、トランプ候補・大統領の支持者が、伝統的な既存マスメディアによって「教育」されることは、非常に困難であるといわざるを得ない。トランプ大統領自身が既存メディアを「フェイクニュース」と批判していることも、その真偽や根拠が不明であっても、トランプ支持者にとっては既存メディアを好まない理由となってしまう。本論文を執筆した筆者の結論としては、現状の米国において、既存マスメディアがフェイクニュースを修正する役割を担うことは難しいと考えている。

では、どうすれば良いのだろうか。既存マスメディアに対する信頼度が低い状態では、個々の新聞社やテレビ局が単独で信頼回復の取り組みを行っても、マスメディア全体への信頼の上昇にはつながりにくい。前述のワシントンポストによる Chrome 用拡張機能 "Real Donald Context" のような個々のマスメディアによる情報の修正策は重要であるが、そもそもワシントンポストによる情報を信頼していなければ、この機能を付加するとの考えにも至らない。

津山氏は他の論考で、新聞の調査報道が信頼を得る鍵であると位置づけ、選挙戦中におけるその成果を認め、「ホワイトハウスの、あるいはトランプ氏の発言を垂れ流しにしているだけでは、読者・視聴者の支持は、決して得られなかっただろう。当局の情報開示が限定されていても、調査報道で、ホワイトハウス内に何が起きているのかを暴き、独自の報道をしてこそ、市民がついてくる」[34]と述べている。調査報道が信頼回復の一助となることは、おおいに同意する。しかし、これも当該報道機関への信頼があってこそ、である。

まずは、フェイクニュース愛好者、トランプ支持者を含む社会全体におけるマスメディア全体の信頼度の底上げをすることが重要ではないか。そのためには、メディアだけではなく学術機関等を巻き込み、資金の流れの透明さが求められるＮＧＯのような第三者的な組織による取り組みが望ましい。その動きは、１で紹介したように端緒についたばかりで、現時点で評価することは困難である。現在のアメリカは、少なくとも、マスメディア全体の信頼度を上げる取り組みと並行して、個々のマスメディアの努力がなされなければならない状況にあるといえよう。

5　日本への示唆

本節では、これまで見てきたアメリカの状況を踏まえて、日本への示唆となる点を挙げたい。日本におけるマスメディア、インターネット、ＳＮＳの信頼度を米国と比較することは困難であるが、日本では、マスメディアへの信頼は世界的見ると高いレベルにあり、ネット上の情報に対する信頼は他国と比べて低い傾向にあるということである[35]。この情報を踏まえるならば、マスメディアによる訂正・修正機能に期待が持てるかもしれない。

しかし、いくつかの点で、日本においても、アメリカを他山の石としなければならない。まず、日本においては、マスメディアがその立場を超えて、ジャーナリズムの課題に立ち向かう、あるいは、政権による取材報道への圧力に立ち向かうという経験が乏しい。表現の自由、取材報道の自由が制約を受けかねない法案が出ても一致した対応が取れないどころか、ほとんどの場合に法案を支持するマスメディアが出る。3に挙げた例のように、米メディアは媒体の違いや主張の違いがあっても、政府の取材報道の自由への制約に対しては一致して闘ってきた。一般の人々に一致して闘う姿勢を見せることも、マスメディアが信頼を得る要素である。

米大統領選のように、両候補が拮抗し、対立が極めて鮮明なケースでは、一方の支持者から評価される報道は、他方からは支持されない。その報道が真実か否かという理性的な判断よりも、感情的な判断が先行してしまう。日本においても、対立する当事者の一方のみに肩入れした報道が一定期間に集中すれば、メディアの信頼低下に繋がる。真実か否かを読者視聴者が報道時に評価することは困難であり、報道が「偏向している」との印象は残る。その印象が別の案件の報道に対しても尾を引き、信頼度の低さが継続してしまう。

マスメディアの信頼が一旦低下してしまうと、業界内の努力のみでその回復を図ることは難しい。米国ではフェイクニュースへの対策が、メディアを超えて取り組まれる端緒についた。また、ファクトチェックを担う組織・団体が多く出現していることは、情報の信頼性に疑問を持つ人々にとって朗報である。ただ、ファクトチェックを担う組織・団体にもそれぞれに党派性があることは否めず、注意が必要であるとの指摘[36]も忘れてはなるまい。日本では、ファクトチェックが本格化しているとは言い難い状況にある。現状、業界横断的、または、第三者的なジャーナリズム向上の取り組みも盛んではないが、ファクトチェック・イニシアティブ・ジャパン[37]のような取り組みも生まれはじめているので注目したい。

おわりに

インターネット時代の情報摂取は、検索を前提とした選択的なものである。自分が探している情報のみに接触するということで、旧来のマスメディアにおける情報摂取とは大きく異なる。米国では、マスメディア、ソーシャルメディア含め、メディア自体の立ち位置が既に相当明確化、細分化している。対立が鮮明な事項の場合、自分の支持する側の情報に接し、その支持を補強したい、という傾向が強くなる。このこと自体は、今回の米大統領選に限ったことではない。

しかし、今回の大統領選におけるトランプ候補支持者は、とりわけその傾向が顕著であったといえる。トランプ氏にとって好ましい情報をわざわざ取りに来るのは、トランプ支持層であり、受け手の思想は固定化されている。その固定化された受け手がさらに喜ぶ情報を載せ、アクセスを増やそうとすれば、その情報が真実かということよりも、ウケるかどうかに重きが置かれてしまうだろう。インターネットサイトの課金の仕組み上、アクセス数を増やすことが目標となる。情報発信者は、権力監視や情報提供で国民の知る権利に応える、という目的意識をもったジャーナリストではない。アクセス数を増やすことで、お金を稼ぐことが目的である。この点は、自分の私生活を開示したり、過激な動画を上げたりしてより多くの収入を得ようとするブロガーやユーチューバーと同様である。

日本においても、2017年秋、座間市のアパートで9名の遺体が発見された死体遺棄事件の被疑者や東名高速道路での死亡事故の危険運転致死傷罪などで起訴された被疑者について、その家族や実家などに関するフェイクニュースが多数流れ、後者の被疑者の勤務先として名指しされた無関係の会社に抗議が殺到するなどの実害が発生した。フェイクニュースの発信者の一人はその動機を「収益目的と世間のニュースやその裏を追いたい気持ち」と語った(38)。フェイクニュースは米国ほどではないにせよ、深刻化している。

米国におけるマスメディアの信頼性については、明るい兆しも見られる。トランプ氏によって、悪しき物と名指しされたマスメディアは、トランプ氏に批判的な人々からの支持を得、選挙戦の間に、部数増、ウェブトラフィック増で広告収入が上昇した。例えば、ニューヨークタイムズ電子版は、2016年の第4四半期が2011年の有料電子版開始以来最高の四半期となった。トランプ氏によって「最も罵られた」ケーブルチャンネルとみられるCNNは、20

16年は過去最高の視聴率だったと報告した。トランプ氏が糾弾することによって、マスメディアは力を落とすのではなく、力を増したのである。

これに関連して、2017年10月3日にReuters.comに掲載された記事[39]によると、Reuters/Ipsosの調査で、「プレスを『とても』または『ある程度』信頼する」人は、2016年11月の39%から2017年9月の48%と上昇し、「プレスを『ほとんど』信頼しない」人は、51%から45%に低下した、との結果が出た。

だが、これをマスメディアがポジティブに捉えすぎるとしたら、それは早計だろうと筆者は考える。米国はマスメディアを信じるか、信じないかで分断されてしまった。その状況下での信頼回復は時間を要するだろう。トランプ氏支持者によって、トランプ氏に有利なフェイクニュースは信じられ、あるいは、信じなくとも消費される。逆にトランプ氏に反対の立場の人々にとっては、トランプ氏が糾弾するメディアであるからこそ、そのメディアに価値を見出している。これは、情報が真実かウソかという情報自体の質への信頼度とは直接関係ない。嫌いな人間が好きな物は嫌いという「坊主憎けりゃ袈裟まで憎い」という感情論は容易には変わらないのではないだろうか。

日本において、ただちに米国のような状況に陥るとは考えにくい。しかし、アメリカの経験から学ぶことは多い。また、フェイクニュースが溢れる時代の表現の自由について、考察しなければならない時にきているだろう。表現規制に抑制的であった米国で、SNS規制論が急浮上していることは、まさに潮目の変化である。２０１７年秋に米連邦議会上下院に提出されたＳＮＳ規制法案の行方に注目し、この時代のメディアと表現の自由環境の在り方に適合した考察を進めていかなければならない。

注

（1）在米ジャーナリスト津山恵子氏は「伝統的メディアがデジタルの世界でどうユーザーにリーチし教育するのか、新たな手法を構築すべき時が来ている」と述べている。新聞研究７８６号（２０１７年1月号）16頁。マスメディアの信頼性低下が叫ばれる中で「伝統的メディアが教育する」という発想に違和感を抱いたことが本研究の動機である。

（2）毎日新聞２０１７年8月10日1面「偽ニュース『売れる』」によると、「フェイクニュース王」と米メディアで呼ばれたジェスティン・クーラー氏は「ナショナル・リポート」というサイトを複数運営し、フェイクニュースを流していた。同氏は当初フェイクニュースを流すことで情報に慎重になってほしいと警告する狙いであったが、運営目的は変化した。閲覧数が増え、広告収入が増加し「売れる」と認識した。「２０１４年にはライター20人を抱え、年収60万ドル（約６６００万円）に達した」、クリントン候補のメール問題を捜査していたＦＢＩ捜査官が無理心中したという同氏が流したフェイクニュースは、「3日間で50万回も交流サイト『フェイスブック』で共有され、閲覧数は１５０万回に達した」という。

（3）https://www.buzzfeed.com/craigsilverman/viral-fake-election-news-outperformed-real-news-onfacebook?utm_term=bw4OzEmmr#.qvB3r8GGy　Buzzfeed によるニュース分析（２０１６年11月17日掲載）。調査手法等は記事下部に掲載。（最終アクセス日２０１７年11月21日）

（４）http://www.journalism.org/fact-sheet/digital-news/（２０１７年８月７日掲載）。（最終アクセス日２０１７年11月21日）

（５）池田純一『〈ポスト・トゥルース〉アメリカの誕生　ウェブにハックされた大統領選』青土社、２０１７年、３００頁。

（６）https://newsroom.fb.com/news/2016/12/news-feed-fyi-addressing-hoaxes-and-fake-news/（２０１６年12月15日掲載）。（最終アクセス日２０１７年11月21日）。同社は、２０１８年１月にも複数のフェイクニュース対策を発表した。

（７）ファクトチェックの基本原則や加盟団体については、http://www.poynter.org/fact-checkers-code-of-principles/（最終アクセス日２０１７年11月21日）

（８）東浩紀、遠藤乾対談「可視化された大衆の欲望が民意を歪める」中央公論１６０４号（２０１７年７月号）、37頁。

（９）https://shorensteincenter.org/wp-content/uploads/2017/05/News-Coverage-of-Trump-100-Days-5-2017.pdf ©HARVARD Kennedy School Shorenstein Center on Media, Politics and Public Policy（最終アクセス日２０１７年11月21日）Shorenstein Center 報告書、16頁。

（10）https://twitter.com/realDonaldCntxt（最終アクセス日２０１７年11月21日）

（11）IT media NEWS（２０１７年７月20日掲載）　http://www.itmedia.co.jp/news/articles/1707/20/news026.html（最終アクセス日２０１７年11月21日）

（12）www.trumptwitterarchive.com（最終アクセス日２０１７年11月27日）

（13）毎日新聞２０１７年８月10日朝刊11面。

（14）https://www.journalism.cuny.edu/centers/news-integrity-initiative/（最終アクセス日２０１７年11月21日）

（15）ジェームズ・ハミルトン、アレキサンダー・ジェイ著、河野勝訳「虚の拡散にどう対処するか」中央公論２０１７年７月号70頁。

（16）同上、72頁。

（17）S.1989, H.R. 4077, 115th Congress 1st Session.

（18）フェイスブックに掲載された広告の例。「キリストと悪魔の戦い。悪魔の勝利はクリントンの勝利」という広告は、その狙いが「キリスト教徒を狙った反クリントンの扇動」。「ブラックパンサーはＫＫＫと戦った」という広告は、その狙いが「黒人と白人の分断」など。日本経済新聞２０１７年11月３日２面「米議会、ＳＮＳ企業批判」の記事中の表より抜粋。

（19）47 U.S. Code § 230 - Protection for private blocking and screening of offensive material

（20）"Trump White House Bars News Organizations From Press Briefing" http://www.huffingtonpost.com/entry/white-house-bars-news-organizations_us_58b08a76e4b0a8a9b78213ae（２０１７年２月24日掲載）（最終アクセス日２０１７年11月21日）

（21）２０１７年２月24日のツイート https://twitter.com/cnnpr

（22）https://shorensteincenter.org/wp-content/uploads/2017/05/News-Coverage-of-Trump-100-Days-5-2017.pdf ©HARVARD Kennedy School Shorenstein Center on Media, Politics and Public Policy（最終アクセス日２０１７年11月21日）この調査は、トランプ大統領就任１００日間の大統領に関する報道を対象としている。調査対象は、米国内の３日刊紙（印刷版）ニューヨークタイムズ、ウオールストリートジャーナル、ワシントンポストおよび４テレビネットワークの主要ニュース番組 CBS Evening News, CNN's The Situation Room, Fox's Special Report, NBC Nightly News である。その他、外国メディアとして、英国のフィナンシャルタイムズと

BBC、ドイツのARDも調査している。

（23）同上、５頁。

（24）２０１７年１月20日～４月29日の調査対象テレビニュース番組における話し手の調査。トランプ大統領がニュースで扱われた場合に誰が話者になっているかをニュースアンカー、記者の発言時間を除いた時間で計測。トランプ大統領65％、政権職員11％、共和党員４％、民主党員６％、抗議者３％、ＦＢＩ１％、その他（専門家、有識者、団体広報担当者、市民など）10％。

（25）同上、６頁。

（26）同上、８頁の図４より、オバマ大統領「否定的」41％、「肯定的」59％。G・W・ブッシュ大統領「否定的」57％、「肯定的」43％。クリントン大統領「否定的」60％、「肯定的」40％。

（27）同上、10頁。

（28）同上、14頁。

（29）同上、15頁。

（30）同上。

（31）同上。

（32）http://www.gallup.com/poll/195542/americans-trust-mass-media-sinks-new-low.aspx（最終アクセス日２０１７年11月21日）本調査の概要　実施日：２０１６年９月７日から11日。実施方法：電話インタビュー。対象者：50州およびコロンビア特別区に住む18歳以上１０２０名を無作為抽出。信頼度95％で標本誤差＋－４％。

（33）https://poll.qu.edu/images/polling/us/us02222017_Urj52hkb.pdf/ (Quinnipiac University poll, 2017.2.22)（最終アクセス日　２０１７年11月21日）本調査の概要　実施日：２０１７年２月16日から21日。実施方法：電話インタビュー。対象者：全国の有権者１３２３名。標本誤差＋－２・７％。

（34）津山恵子「未知の時代に突入した米メディア」新聞研究790号（2017年5月号）、15頁。

（35）小林哲郎「偽ニュースを考える①」日本経済新聞2017年8月15日27面。この他、日本における「メディア不信」について独・英・米の分析の踏まえながら詳細に論ずる最新の成果として、林香里『メディア不信』岩波新書、2017年。同書210頁は、日本の「メディア不信」の特徴を「一般市民による権利主張運動としてのポピュリズムが活発でない日本では、『メディア不信』もどこかで『業界の凋落』という業界枠の話題に落とし込まれていき、市民にとっては他人事になる」と指摘する。

（36）前嶋和弘「2016年アメリカ大統領選挙とメディア」選挙研究33巻1号（2017年）36頁。

（37）http://fij.info/（最終アクセス日2017年11月21日）

（38）毎日新聞2017年11月20日1面・3面「ネットウオッチ：トレンドブログ　管理人『収益目的』座間事件『フェイク』証言」

（39）https://www.reuters.com/article/us-trump-effect-media-poll/the-press-branded-the-enemy-by-trump-increasingly-trusted-by-the-public-reuters-ipsos-poll-idUSKCN1C813L?feedType=RSS&feedName=politicsNews&utm_source=Twitter&utm_medium=Social（最終アクセス日2017年11月21日）この調査は、マスメディアの信頼度のみを調査しているのではなく、米国の主要機関である合衆国大統領行政府、議会、裁判所、軍隊、学界、プレスの信頼度を調査している。調査概要については、記事の下部参照。

第7章　安倍政権下におけるNHKニュースに関する考察
――「ニュース7」の加計学園問題報道を中心に

浮田　哲

はじめに

安倍首相の「一強」が続く中、メディアの「安倍寄り」報道が問題視されている。2017年5月3日の憲法記念日に安倍首相の憲法改正私案を単独インタビューとして掲載した読売新聞など、新聞は「親安倍」紙と「反安倍」紙の色分けがハッキリしてきたが、テレビ各局のニュースも同じような指摘ができるかも知れない。とりわけ、NHKの報道姿勢は安倍首相のお気に入り女性記者を解説にしばしば登場させ、政府の「代弁」のようなニュースを報道することが珍しくない。この論文ではNHKに焦点を当て、テレビニュースがどれだけ「安倍寄り」の報道を行っているのかを具体的に検証する。

検証の方法としては、いくつかの尺度からニュースを解析する。①あるニュースを取り上げたのか取り上げなかったのか、②どれくらいの放送時間を使っているか、③ある項目をニュース番組の中で何番目に取り上げているか（項目の優先順位）、③スタジオのＶＴＲのリード部分やＶＴＲの受け部分のコメントでどういう方向付けを行っているか、④全体としてどんな演出を行っているか等、各局のニュース番組を比較しながら検証する。

ニュースの方向性を、単なる「印象」ではなく客観的に記述することが目的である。

1　取り上げるニュースについて

加計学園問題とメディア

本稿で主に取り扱うニュースは２０１７年5月に問題が発覚し、連日メディアを賑わしたいわゆる「加計学園」問題とした。安倍首相がアメリカ留学時代に知り合い、その後も親交を続けてきた加計孝太郎氏が運営する学校法人が愛媛県今治市に新たに大学の獣医学部を新設するという計画を立て、その実現の過程で安倍首相の意向が働いたのではないか、という疑惑である。特に、5月17日に朝日新聞が文部科学省の内部文書として「総理のご意向」という言葉が入ったメモを報じ、同日に国会でも野党による追及が始まると、新聞、テレビは連日のようにこの問題を取り上げた。

加計学園問題を巡る報道で特徴的であったのは、メディアによってその立場の違いが際立ったことである。例えば、国会で問題の追及が続く最中、「内部文書はあった」と告発した文部科学省前事務次官の前川喜平氏について、氏が告発する3日前に「前川前次官出会い系バー通い」と氏を貶めるようなニュースを大々的に報じた読売新聞は、[2] 安倍政権擁護の姿勢を明確に紙面で示した。これは、最初に内部文書の存在をスクープし、その後も政権批判の論調を続けた朝日新聞や毎日新聞などと好対照であった。

テレビ番組に関しても、安倍政権擁護的な論調が目立った「報道2001」（フジテレビ、日曜午前7時30分~8時25分）に対して同時間帯で放送されている「サンデーモーニング」（TBS、日曜午前8時~9時54分）は終始安倍政権を批判していた。[3] また、前川氏の告発の舞台となった週刊文春は前川氏に好意的（つまり安倍政権に批判的）であった一方、ライバル誌である週刊新潮は前川氏叩きに荷担するなど、週刊誌の対応も好対照をみせた。[4] つまり、加計学園問題を巡る一連の報道は横並びの報道が多いとされる日本において、珍しく各社の姿勢が分かれることとなり、いみじくもメディアと政権の距離を国民に知らしめる結果となった。

また、加計学園問題はいわゆる「共謀罪」法案[5]が成立するタイミングと同時期だったため、しばしば「今日の国会の動き」というような括り方で一緒に報道されることもあった。

加計学園問題の争点と2つの転換点

加計学園問題の報道は2つの転換点をはさんで、大きく3期間に分けることができる。

・第一期：5月17日～24日
・第二期：5月25日～6月7日
・第三期：6月8日～6月16日

第一期は5月17日～24日までの間で、これは文科省の内部文書の存在が国会で取り上げられてから前川前文科省事務次官の告発までである。問題が国会で取り上げられ、文科省は2日後の19日に調査を実施、同日中に「内部文書の存在は確認できなかった」という発表を行った。この間の最大の争点は内部文書が存在するかどうか、という点であった。

第二期は5月25日から6月7日までの間で、前川証言を受けて、多数の文科省の現役職員がマスコミに情報をリークし、メディアも積極的にその中身を報じた。また、国家戦略特区や獣医の現状など関連するテーマについても数多く特集された。安倍首相の関与が本当になかったのかという点が最大の争点であったが、政府の対応は木で鼻を括ったような答弁に終始していた。

第三期は6月8日から国会閉会の6月16日までで、8日の菅官房長官の定例記者会見において東京新聞の望月衣塑子記者らが執拗な質問を行い、文科省が文書の再調査を行うことを決定。国会の閉会前日の15日に再調査結果が発表され文書の存在が明らかになった。文書が存在したことにより、メディアによる安倍政権批判は強くなったものの、翌16日に国会は閉会、直接政府の責任追及を行う場所がなくなり、結果的に過熱気味の報道が一気に収束に向かった。

調査期間とNHKニュース

本稿はその調査期間を5月17日から6月16日のおよそ1ヶ月間とし、その間のNHKニュースを分析した。NHKにはたくさんのニュース枠があるが、簡単にニュース枠ごとの特徴を列記すると、平日の午前9時以降は毎時0分から放送される5分～8分間の定時ニュースがあり、その日に起きた最新のニュース、いわゆる発生モノを中心に短く伝え、原則として毎回内容が更新される。正午の定時ニュースは20分間で、継続的に報道されている比較的大きなニュースを中心にラインナップされる。

NHKの顔とも言えるニュースが午後7時から30分間放送される「ニュース7」で、月曜日から日曜日まで同じ時間帯に編成されており（土日は出演者と番組の構成が他曜日と若干異なる）[6]、日曜日以外は番組冒頭でその日のニュースのラインナップが目次のように紹介され、その項目順を見れば、いわばNHKがその日に伝えるニュースのうちでどのニュースを重要視しているか、ということを窺い知ることができる。

午後９時からは「ニュースウォッチ９（ＮＷ９）」が編成されており、この枠は「ニュースセンター９時」(7)以来、伝統的に〝お堅い〟イメージの７時のニュースとは一線を画してキャスターの個性が活かされる内容を売り物にしてきたが、キャスターの大越健介氏が交代した２０１５年４月以降は「ニュース７」とあまり変わらない内容のニュース番組となった。２０１６年４月から始まった午後11時からの「ニュースチェック11」は、前身番組の「NEWS WEB」以来インターネットを使って視聴者からのリアクションを表示させる工夫をするなど、他のＮＨＫニュースとは違った番組作りを行っている。

本稿では主に「ニュース７」の分析を行った。午後７時は伝統的にＮＨＫがニュースを編成してきた時間帯であり、全曜日で放送されており、構成も極めてオーソドックスなので、その時々のＮＨＫの報道の姿勢が最もよく反映されているのではないか、と考えたからである。また同番組はＮＨＫ・民放を通じて最も視聴率の高いニュース番組で、視聴者への影響力も高いと思われる。

なお、「ニュース７」と比較するためにテレビ朝日の「報道ステーション」（月曜～金曜午後21時54分～23時10分）を主に用いた。民放が唯一午後10時台に編成しているニュース番組であり、前身番組である「ニュースステーション」以降、日本を代表するニュース番組のひとつともいえ、比較対象として相応しいと考えたからである。

2　量的分析からみえる制作者の意図

不作為

一見客観的にみえるニュース番組の中に制作者の意図を見いだすことは簡単ではないが、本稿ではいくつかの基準を用いて分析を試みる。まず、量的分析のひとつとして番組の中で加計学園問題を取り上げたか否か、という基準がある。ほとんどの他番組が取り上げているにもかかわらず、取り上げていないとすれば、そこには意図的な不作為という可能性が考えられる。

●「ニュース7」が加計学園問題を取り上げた回数

・第一期（5／17〜24）　8回中1回（12・5％）
・第二期（5／25〜6／7）　14回中10回（71・4％）
・第三期（6／8〜16）　9回中5回（55・6％）
※通算（5／17〜6／16）　31回中16回（51・6％）

という結果であった。調査期間を通して約半数の放送回で加計学園問題に触れているが、新聞等でも連日何かしらの記事が出ていた時期であることを考えると回数は少ない印象を受ける。

問題発覚から前川前事務次官の告発までの間（第一期）は、17日に第一報を報じた後、番組でこの問題を取り上げることをしていない。特に、国会での追及を受けて行われた文科省の内部調査の結果（19日）については全く放送していない。19日の番組のニュースラインナップは①共謀罪法案問題②電通過労死問題③仙台いじめ自殺問題④学校史切り取り事件⑤イラン大統領選挙であった。

ちなみにこの日の正午のニュースでは7番目の項目で「文科省による調査開始」のニュースを1分34秒間報道しており、その後午後4時から行われた記者会見で松野博一文部科学大臣が「文科省に問題の内部文書は存在せず」という報告をしているのだが、「ニュース7」ではその全てをニュース項目から落としている。「ニュースウォッチ9」は「ニュース7」の2倍の放送時間（60分）があるのだが、同日の同番組では最初の4項目の主要ニュースでは取り上げず、その後静岡の動物園からの中継と障害者による映画ポスターの制作を取り上げた特集が終わった後、天気予報との間の隙間に短く（47秒間）「松野文科省大臣の会見」を伝えており、ちなみにこの隙間でともに伝えられたニュースは「宮崎駿監督引退撤回」（45秒）というニュースであった。

この取り上げ方を見る限り、加計学園問題発覚初期の段階ではＮＨＫはあまりこのニュースを重要視しているとは思えず、後述するニュース項目の優先順位（プライオリティ）でも同じように初期のＮＨＫの消極的な姿勢が現れている。ちなみに19日の「内部文書は存在せず」というニュースは「報道ステーション」（テレビ朝日）では2番目に、「ニュース23」（TBS）、「NEWS ZERO」（日テレ）ではトップニュースで伝えている。

次に「報道ステーション」では、この調査期間にどれくらいの頻度で加計学園問題を取り上げているかをみてみる。

●「報道ステーション」が加計学園問題を取り上げた回数

・第一期（5／17〜24）　6回中4回（66・7％）
・第二期（5／25〜6／7）　10回中10回（100％）
・第三期（6／8〜16）　7回中7回（100％）
※通算（5／17〜6／16）　23回中21回（91・3％）

という結果であった。第二期の5月25日以降のおよそ3週間は毎日このニュースを取り上げており、期間中の加計学園問題を扱った頻度は91・3％になる。

以上のように放送で取り上げた回数だけでいうと「報道ステーション」に比べて「ニュース7」は半分程度だったといえるが、「ニュース7」が発生モノや発表モノを中心に構成するストレートニュースの色合いが強いニュース番組であるのに対して、「報道ステーション」はニュースショーの体裁を取っており、ニュース項目が視聴者の関心事（視聴率）にともすれば偏りがちであるため、この結果だけをもってNHKの不作為を指摘することは難しい。とはいえ、問題発覚当初のNHK全体としての加計学園問題の扱い方は、早々に調査結果を発表して事態の沈静化を図ろうとした政府の方針（事を荒立てない）と結果的に軌を一にするものであった。

放送時間

次の量的な比較として、ニュース番組全体の中でどれくらいの時間を加計学園問題のニュースに費やしたかという点を検討してみる。(8)

●「ニュース7」が加計学園問題を取り上げた分数

・第一期（5／17〜24）　総時間240分中5分9秒（2・1％）
・第二期（5／25〜6／7）　総時間420分中41分57秒（10・0％）
・第三期（6／8〜16）　総時間270分中27分47秒（10・3％）
※通算（5／17〜6／16）　総時間930分中74分53秒（8・1％）

当然ながら放送が1回しかなかった第一期は放送時間も全体の2・1％でしかなかったが、それ以降は10％を超え、調査期間中の「ニュース7」総放送時間の8・1％を加計学園問題に費やしている。加計学園問題を取り上げたときの平均放送時間はおよそ4分40秒であった。

●「報道ステーション」が加計学園問題を取り上げた分数[9]

・第一期（5／17〜24）　総時間358分48秒中46分12秒（12・9％）
・第二期（5／25〜6／7）　総時間598分中115分40秒（19・3％）
・第三期（6／8〜16）　総時間418分36秒中80分5秒（19・1％）
※通算（5／17〜6／16）　総時間1375分24秒中241分57秒（17・6％）

「報道ステーション」では、第一期が総放送時間の12・9％、第二期以降はおよそ19％が加計学園問題に費やされている。調査期間中の総放送時間の17・6％が加計学園問題であり、また加計学園問題を取り上げたときの項目の平均時間はおよそ11分半であった。「報道ステーション」は1ヶ月以上にわたり膨大な時間を加計学園問題のニュースに費やしていたことが分かった。

「ニュース7」は放送時間の実時間において「報道ステーション」の3分の1以下であり、番組の放送時間の差を考慮した比率でみても、半分以下（17・6％対8・1％）しか時間が使われていないことが分かった。

ただ、放送時間は番組の特性とも関係しているため単純な比較はできない。「ニュース7」

の放送がアナウンサー2名だけによって進行し、期間中にゲストや解説者がニュース解説を行うことがほとんどなかったのに対し、「報道ステーション」では、ほとんどの回でレギュラー解説者の後藤謙次氏の解説が入り、期間中には田原総一朗氏や木村草太氏などがゲストコメンテーターとして参加することもあったので、それが放送時間が長くなった原因のひとつとも考えられる。とはいえ、解説者やゲストを呼んで語らせるか否かは制作者のこの問題に対する認識を表している側面もあるので、「報道ステーション」との比較においては、概して「ニュース7」はこの問題に関して淡泊であったといえよう。

「ニュース7」がこの問題に一番時間を使ったのは6月15日放送分で、サブタイトルは「追加調査で一転〝文書は存在〟」、放送時間は10分58秒であった。この日は翌日に国会の閉会が確実視される中、文科省の再調査によって問題の内部文書が存在することが明らかになった日であり、期間中で初めてスタジオに政治部と社会部からひとりずつ解説者が登場した。次に放送時間が長かったのが翌16日の7分33秒であり、「内閣府　文部科学省と食い違い」というサブタイトルで、内閣府が改めて行った調査が文科省が行った再調査と食い違うことを取り上げていた。前川前文科省事務次官が会見を開いた5月25日ですら6分44秒（サブタイトルは「前次官〝文書確実に存在〟」）であったことを考えると、「ニュース7」の取り組みは遅きに失した感は否めない。そして、その後の加計学園問題の展開を考えると[10]、国会が閉会するまでが大きな山場で、すでに勝負が決まった後から放送時間をしっかりとった「ニュース7」は、結果的に安倍内閣に有利に動いたといえる。

ニュース項目の優先順位（プライオリティ）

ニュース番組において、どのニュースをトップに持ってくるかはその番組（放送局）のニュースの優先順位（価値判断）を如実に表す指針となり得る。その日のラインナップを決め、放送順を決めることは番組責任者（デスクや編集長と呼ばれる）の専権事項であり、まさに編集権の問題でもある。

文科省の内部文書が最初に問題になった5月17日の「ニュース7」において、加計学園問題が取り上げられたのは5番目であった。①眞子さま婚約（6分32秒）②トランプ大統領の動き（4分10秒）③韓国大統領特使の日本担当が来日（2分7秒）④テロ等準備罪（1分55秒）の後で、5分9秒間費やしている。前述したように初報のあとは前川前事務次官の記者会見まで「ニュース7」はこの問題を報じなかったのだが、前川氏が記者会見を行った5月25日の「前次官〝文書確実に存在〟」もトップニュースではなく、ロンドンで起きたテロ事件がトップで、記者会見のニュースは2番目の扱いであった。

25日以降（第二期）のニュースの順番を数字だけ羅列してみると

・第二期（5／25～6／7）　2、3、5、2、3、4、3、3、2、2

となり、第二期で加計学園問題がトップニュースで扱われることは一度もなかった。加計学園問題よりも優先的に取り上げられたニュース項目は多岐に渡るが、北朝鮮関連のニュースが3回、海外でのテロ関連のニュースが3回、G7関連のニュースが2回、天皇退位関連のニュースが2回となっている。中には「新大関高安〝正々堂々　精進〟」や「暮らし変える日本版GPS衛星」などの軟らかいニュースも加計学園問題よりも優先して報じられている。

・第三期（6／8〜16）　1、2、3、1、1

文科省が再調査を開始し、国会が閉会するまでの第三期になって、ようやく加計学園問題がトップニュースで扱われるようになった。放送時間が増えたことと同様、国会の閉会が決定的になって以降、「ニュース7」の加計学園問題への報道姿勢が積極的になったように見える。特に、第三期の最後の2回はトップで伝えたばかりではなく、前述したように放送時間も期間中1番、2番の長さで放送している。

一方「報道ステーション」における加計学園問題の優先順位は以下の通りである。

・第一期（5／17〜24）　1、1、2、1

・第二期（5／25～6／7）1、1、2、1、3、1、1、2、2、5
・第三期（6／8～16）2、1、2、2、2、2、1

全放送回数21回のうちトップで扱ったのが10回、2番目で扱ったのが9回あり、この問題に対する「報道ステーション」の積極的な姿勢が現れているが、特に「ニュース7」との違いを感じるのが期間の前半でトップニュースで扱っていることが多いことである。問題が発覚した翌日の5月18日にはトップニュースとして、京都産業大学の獣医学部新設断念の経緯など、後に議論となった論点を13分43秒かけて丁寧に解説している。この点において初期の動きが鈍かった「ニュース7」とは対照的である。

また、「報道ステーション」は獣医が本当に日本で必要なのかどうかという特集を組んだり、前川前事務次官にロングインタビューを行ったり、期間中に様々なアプローチを行っているが、「ニュース7」は番組のフォーマットを崩してまで報道する、ということはなかった。

NHKは問題発覚当初、加計学園問題にそれほどのニュースバリューを感じていなかったようにも見えるが、そうとも言い切れないニュースが問題発覚前夜に放送されていた。次項ではNHKの不可解なニュースについて検証する。

5月16日の「ニュースチェック11」

加計学園問題は5月17日の朝刊で朝日新聞が文科省の内部文書をスクープし、同日の衆議院文科委員会で民進党の玉木雄一郎議員が同じ文書をもとに政府を追及したことに端を発する。

その前日の16日、NHKは正午のニュースで「眞子様ご婚約」のニュースを他社に先駆けてスクープし、当日と翌日のメディアは祝賀ムード一色になった。16日夜の「ニュースチェック11」ではトップニュースで「眞子様ご婚約」を伝えたが、続く2番目のニュースで加計学園を取り上げているのである。しかし、そのニュースには「加計学園」という言葉も「国家戦略特区」という言葉も出てこず、「岡山理科大学が来春今治市に開設予定の大学の獣医学部に課題があるという報告書を文科省の審議会がまとめた」という地味なニュースであった。今治市に獣医学部が新設される話はこの時期まったくメディアでは話題にされておらず、愛媛県のローカルニュースのような唐突なニュースであった。

しかし、ポイントはこのニュースの中で翌日朝日新聞がスクープする文科省の内部文書が映し出されていることで、しかも肝心の「官邸の最高レベル」という文字を黒塗りで消した上で放送しているのである。その文書の説明としてテロップでは「文部科学省の文書」と文字スーパーを入れ、その部分のナレーションは「この学部は今年1月、規制緩和によって今治市に設置する方針が決まりましたが、選考の途中だった去年9月下旬、内閣府の担当者が文部科学省側に対し、今治市に設置することを前提にスケジュールを作るように求めたやりとりが文書に残されています」としている。前後になんの説明もないため全くの消化不良で、「内閣府の担当者」も唐突である。このナレーションを聞いた視聴者のほとんどが意味がよく分からなかったと思われる。いずれにせよ「官邸の最高レベル」という文字を消してしまったのでは、この文書を紹介する意味はまったくない。

なぜNHKはこのような不可解なニュースを放送したのか。ここからは推測でしかないが、問題の内部文書をリークした者（当然文科省の関係者だと思われる）は、少なくともNHKと朝日新聞と民進党に文書を流したことは間違いない。そして、この文書の扱いをどうするかは、その信憑性も含めてそれぞれの内部で議論されたに違いなく、朝日新聞では朝刊の一面トップで扱い、民進党では文科委員会での〝暴露〟という形を取った。NHKでも「文部科学省の文書」と断りを入れて放送するくらいなので、文書が本物であることは確信していたに違いないが、最終的にどこまで出すかということについて内部で相当の議論があったのではないかと思われる。そのようなNHK内部の葛藤がこの中途半端なニュースに現れているような気がしてならない。そのポイントは、黒塗りだけでなく「加計学園」を「岡山理科大学」、「国家戦略特区」を「規制緩和」と言い換えることで、ニュースの中から〝安倍臭〟を払拭していることにある。

いずれにせよ、このニュースに関しては、NHK内部に向けて発信されたメッセージのような色合いが濃く、とても視聴者に向き合っているとは思えない内容であった。

ちなみに翌日の「ニュース7」では当該文書を机に並べて女性アナウンサーが紹介するが「民進党が文科省の内部文書だとしている文書のコピーです」と説明し、前夜のニュースで既報であることやＮＨＫが事前に入手し裏取りを済ませている（と思われる）ことなどの言及は行われなかった。「ニュース7」ではその後続報をしなかったことは前述の通りだが、そのことも含めてこの問題に関して当初ＮＨＫが完全に腰が引けていたことは明らかであろう。

「ニュース7」で報じられなかったこと

前節ではＮＨＫが報じなかった内部文書のスクープについて述べたが、調査期間を通して他のメディアでは主要な論点となっていたにもかかわらず「ニュース7」では触れられなかった項目をいくつか指摘しておく。

(1) 新学部認可のための4条件

前川前事務次官は記者会見において内部文書の存在に関して言及したあと、内閣府に対して要望を行っている。そのひとつが閣議決定された「新学部認可のための4条件[11]」を加計学園が満たしているのかどうかを検討することであった。この4条件についてはメディアはこぞって取り上げ独自に検証を行っているが、「ニュース7」では全く触れていない。

(2) 出会い系バーについての前川氏のコメント

読売新聞がリークし、様々なメディアで論争となった前川前事務次官の「出会い系バー通い」」について、記者会見で前川氏が「女性の貧困についての調査」というニュアンスの説明を行っているが、「ニュース7」ではその部分のコメントを放送していない。一方で菅官房長官が前川氏の出会い系バー通いを挙げて個人攻撃のようなコメントを行った記者会見に関しては2度放送している。

(3)国家公務員法違反を示唆した義家弘介文科副大臣のコメント

6月13日、参議院農水委員会での自由党森裕子議員とのやりとりの中で義家文科副大臣が「情報を漏らした者は国家公務員法（守秘義務）違反に問われる可能性がある」と述べた部分を放送していない。ちなみに報道ステーションでは14日にメインキャスターの富川悠太が「耳を疑うような発言もありました」という振りでこのくだりを紹介、その後の義家副大臣へのインタビューも放送している。

(4)東京新聞望月依塑子記者らの記者会見

6月8日、菅官房長官の定例記者会見において30分以上質問を行った東京新聞望月記者らとのやりとりは、その後の内部文書の再調査につながる重要な会見であったが放送していない。報道ステーションではこのやりとりを4分18秒間にわたって放送し、その中で「出所や入手経路が明らかにされていない文書については、その存否や内容などの確認の調査を行う必要がない」と繰り返す菅官房長官のコメントをわざわざ3回繰り返して使用し、その特異性を際立たせている。

以上のような事柄を「ニュース7」では放送しなかった。もちろん編集権の問題であり、時間の制約等で割愛せざるを得ないこともよくあることだが、政治のニュースといっても生身の人間が登場し、時には言いよどみ、時には激高しながら論争するリアルな現場が舞台である。新聞など活字媒体ではテキストの内容以上のものを伝達することは難しいが、映像は、ときに語られた内容以上に物事の実相を伝達することができる表現媒体でもある。そういう意味で加計学園問題を「報道」するテレビニュースとしては、映像だからこそ伝えられる空気や臭いといったものをもっと大事にしてもよかったのではないか、と思われる。

3　演出や構成からみえる制作者の意図

スタジオの演出

ＶＴＲの前にスタジオのアナウンサーがどのようにコメントしてＶＴＲに導くか、またＶＴＲが終わった後にどのように受けるか（受けないか）、はニュースの印象を左右する大事なファクターである。また、「ニュース7」のスタジオには大きな横長のスクリーンがあり、そこに大きな文字を映し出すことで、インパクトのある演出を可能にしている。

5月17日に加計学園問題を最初に報じたスタジオでは大型モニターに安倍首相の写真を映し、

吹き出しで「加計学園の理事長は友人で会食もゴルフもするが、彼から頼まれたことはなく働きかけていない」「もし私が働きかけて決めているのであれば責任を取る」と大書、女性アナウンサーがそのセリフを読み上げた。このような形でのコメントの紹介は、時に本人の生の声を使うよりも印象に残りやすく、この演出によって、安倍首相の強い否定の意志が表現されている。

その後はVTRで展開し、最後は菅官房長官の記者会見の映像になり、文科省の内部文書だとする問題の文書を「怪文書のようなもの」と切って捨てるところを生音で活かし、それに続く形で男性アナウンサーが「その上で菅官房長官は『私の補佐官についてはまったくこの問題に関与しなかった』と述べました」とまとめのコメント（『』内の言葉は文字テロップでもスーパー）を述べたところで終了し、このニュースについてスタジオで受けることなく次のニュースに移った。

読後感、のようなものが映像にもあるとするならばその印象を左右する最も大きな要素は映像の最後の部分、特にテキストの内容である。つまり、このケースだと「怪文書のようなもの」と「菅官房長官の補佐官はまったく関与していない」というテキストの印象が強く残ることになる。

同じようにVTR中にまとめのコメントが付けられたり、記者会見等のコメントの生の声が最後にくることで読後感が残る編集技法が採られているニュースが調査期間中にいくつか見られた。例えば、前川前事務次官の記者会見の翌日、5月26日の「前次官発言波紋広がる」というニュースの最後は菅官房長官の記者会見であるが、「(文書)は出所不明、信憑性も欠ける、それは昨日の会見があっても変わらない」というコメントを聞かせたあと女性アナウンサーが「さらに」という一言でつなぐと、前川氏の出会い系バー通いについて言及し、最後は笑いながら「女性に小遣いを渡したということでありますけど、ここはさすがに強い違和感を覚えましたし、教育行政の最高の責任者がそうした店に出入りして小遣いを渡すようなことは到底考えられない、このように思いました」というコメントで終わり、スタジオで受けることなく次のニュースに移った。前にも述べたとおり、「ニュース7」は前川氏自身の出会い系バー通いについてのコメントは一切放送していない。その上でこの菅官房長官のいわば言いっ放しのコメントで終わると、視聴者の印象はおのずと決まってくる。極めて作為的な編集といえる。

とはいえ、同じように最後にコメントで終わることで却って印象を悪くするケースもある。5月30日の「〝テロ等準備罪〟〝加計学園文書〟で質疑」では竹下亘自民党国対委員長が前川氏の国会での証人喚問が「必要ない」と記者会見で述べている部分で終わっているのだが、その最後で男性アナウンサーが「記者団が、必要ないと考える理由は何かと質問したのに対し」と振りをつけ「必要ないというのが理由です」という竹下氏の意味不明の答えのコメントで終わっている。これでは自民党(竹下氏)はいい加減だという印象しか残らず、このニュースを編集した制作者の竹下氏に対する批判が現れた意図的なＶＴＲになっていた。

いずれにせよ、ここで挙げた例だけでは制作者の意図がどこまで反映されているのかを即断することは難しいが、どのコメントを使用するか、どのようにアナウンサーが振って受けるか、ということは制作者の意図の有無にかかわらず強い印象を視聴者に与えることは間違いない。

「インターネット上の意見」

「ニュース7」では時折「インターネット上の意見」という定義も出典も曖昧な意見を紹介することがある。[12]この手法のひとつの特徴は、必ず賛否両論をひとつずつ紹介するということで、加計学園問題に関しては調査期間中に一度だけ、6月9日の「加計学園〝文書〟追加調査へ」の中で「インターネット上の意見」が登場している。文部科学省が内部文書について追加調査を行う、という話があったあと、パソコンを打つ手元のイメージカットが現れ、その上を流れる文章を男性アナウンサーが読み上げるという形で紹介されている。

「これを受けてネット上では様々な反応が投稿されました。『当然ですね。国民に情報を明らかにすべき』といった書き込みの一方『納得がいく調査がされるのか疑わしい』という指摘もありました」(『』内の言葉は文字テロップでもスーパー)

という内容であったが、これによって何を伝えたいのかがもうひとつハッキリしない中途半端な印象を受ける。それよりも、発言者の背景も引用元のサイトも分からない状態で賛否の意見をひとつずつ紹介することにどれほどの意味があるのだろう。「ニュース7」ではいわゆる街頭インタビューという手法を使わないので、一般の市民（その存在の捉え方が幻想かも知れないが）がどう反応しているのかを知りたい、という制作者の欲求があるのかも知れないが、これは手法としてあまりにも稚拙である。

それ以上に「ネット上の意見」という乱暴な括りでなんらかの〝意見〟が示せるという状態は、ともすれば制作者の恣意的な文章を持ち込む温床となる危険をはらんでいる。いずれにせよひとつの意見をピックアップする段階で、選択する者の意志が反映するのだが、その悪例のひとつとして共謀罪法案に関連するニュースを挙げることができる。それは5月19日「『テロ等準備罪』法案委員会可決」の中で起きた。

女性「インターネット上では賛成、反対双方の声が挙がっています」

男性「このうち、法案に反対する人たちからは『共謀罪だかなんだか知りませんが、国民の生活を国自らが脅かす法案って本末転倒じゃないですか？』といった意見がソーシャルメディアに投稿されています。一方、賛成する人たちからは『テロ等準備罪によって日本が国際テロを阻止できる』といった声が挙がっています」

スタジオのモニターには人型のイラストが出て、そこの吹き出し部分に『』内の文字が大書される、という演出方法が採られていたが、ここには法案に反対する人たちを貶め、賛成意見を過大に評価しようという意図が現れている。

後者の例は明らかに共謀罪法案に対して好意的な印象操作が行われているが、加計学園問題の例にはどういう意図があるのかは分からない。

まとめ

その後の報道

6月16日（金）に国会が閉会し、週明けの19日には安倍首相の記者会見が行われた。記者会見といってもほぼ安倍首相の独演会といった様相を呈し、首相の言い分をメディアはひたすら垂れ流したような印象が残るものであった。その日の「ニュース7」のトップニュースはこの首相会見であったが、そのVTRの振りは以下のようなものであった

男女「こんばんは、ニュース7です」
女性「通常国会の閉会を受けて記者会見した安倍総理大臣。国家戦略特区での獣医学部新設をめぐって、国会答弁で強い口調で反論した自らの姿勢を反省するとした上で、国民

の不信を招いたことを認め、信頼回復に努める考えを示しました」
男性「一方、獣医学部新設は時代の必要性に応える改革だとして、引き続き先頭に立って規制改革に取り組む考えを強調しました」

このVTRの振りの文章は、安倍首相の会見の要点をまとめよ、という課題に対しての解答だと考えると、まさに模範的なまとめ方になっているが、最も欠けているのは批判精神ではないだろうか。つまり、会見で述べた安倍首相の言葉をなんの疑問も抱かずにそのまままとめているに過ぎず、さらに後半では、安倍首相が一連の加計学園問題で取り組んできたのは「規制改革」だったという方向に巧みに誘導し、既成事実化してしまっている。

このVTRの振りを書いた報道職員がどこまで意識的だったかは分からないものの、一見公平で客観的な作文となっており、ほぼルーティーン化してしまったこのNHKの「客観性」こそが、NHKが政府の広報機関と揶揄される一因となっているのではないだろうか。

また、この日はもうひとつ注目すべき番組が放送されている。それは「クローズアップ現代＋」でこの日のサブタイトルは「波紋広がる〝特区選定〟～独占入手・加計学園〝新文書〟～」というもので、文科省の再調査で明らかになった14の内部文書の他にNHKが独自に入手した文書があり、それによれば事業者が選定される前から政権幹部が加計学園の名前を出して指示していたことが分かる、というものであった。番組はしっかりと作り込まれ、全国の数カ所で関係者の取材を行っているが、そのことはＮＨＫがこの文書を手に入れたのが相当前だったことを示唆している。そうすると、なぜもっと早いタイミングで、少なくとも国会の開会中にこの番組を放送しなかったのか、という疑問が生じる。

ＮＨＫとしては国会の審議を妨げない配慮を行ったのかも知れないが、メディアの在り方としてその態度が正しいとは到底思えない。

おわりに

加計学園問題をめぐるおよそ1ヶ月間のＮＨＫの報道を「ニュース7」を中心に分析してみたが、その前半では明らかに消極的だった報道姿勢が、後半から積極姿勢に転じたようにもみえた。また、後半は現役の文科相の職員を情報源に独自の切り口で迫ることもあった。「ニュース7」は国内外のニュースをバランス良く公平、公正に見せようという意志が強く感じられ、それがともすればニュースの優先順位に違和感を生み、また、政府や役所の見解を整理してそのまま伝えようという姿勢が「政権寄り」の印象も生み出している。

本稿の目的である、ＮＨＫのニュースがどれだけ「安倍寄り」なのかを客観的に検証してみようという目論見は、不完全燃焼に終わった感は否めない。いくつかの事象は安倍政権に有利に働いたようにみえるが、そこにどれほど制作者の意図があったのかまでは不明である。抽出した客観的なデータをどう解読するか、ということについてはさらに研究を進める必要を感じている。

今回曲がりなりにも1ヶ月間の番組の検証をＮＨＫだけでなく、民放も絡めて1人で行うことができたのは、ひとえに家庭用のＨＤＤ録画機の進歩のおかげである。全チャンネル全番組の長期録画が可能となったために、今まで検証が難しいとされてきたテレビ番組の検証ができるようになったことは研究者としてはまことに喜ばしいことであるが、これをどう活用していくかはまだまだ試行錯誤が必要である。

注

（1）5月8日の衆議院予算委員会で民進党の長妻昭議員から自民党の改憲草案との整合性を問われた安倍首相は「読売新聞に書いてある。是非それを熟読して」と答弁し物議を醸した。

（2）記事が出た当初より官邸のリークではないかとの疑惑が持たれたが、それに対して読売新聞は6月3日の紙面で「公共の関心事」であると社会部長名の記事で反論した。

（3）問題発覚後最初の日曜日となった5月21日の「サンデーモーニング」では2項目で加計学園問題を取り上げたが、同日の「報道２００１」では取り上げていない。

（4）「週刊文春」（6月8日）では同誌の取材に対して出会い系バーの女性が「私は前川さんに救われた」というコメントを寄せている。

（5）ＮＨＫは一貫して「共謀罪の構成要件を改めてテロ等準備罪を新設する法案」と呼んでいる。

（6）平日のキャスターは鈴木奈穂子・高井正智、土日のキャスターは井上あさひ・井上裕貴。

（7）1974年から88年に放送されたニュース番組。磯村尚徳や木村太郎などがキャスターを務め、従来のニュース番組とは違った切り口で構成され新しいNHKを印象づけた。

（8）時間の計測は家庭用HDDレコーダー（Panasonic DMR-BRX7020）のタイマー機能を使って行った。

（9）全放送時間から提供部分とCM部分を差し引いた時間（59分48秒）を番組1回の総時間とした。

（10）その後安倍首相は閉会中審査には応じたものの、野党が要求した臨時国会を召集することなく10月には衆議院の解散総選挙を行い圧勝。11月には文科省の大学設置・学校法人審議会が2018年4月に加計学園による獣医学部の新設を認める答申を文科大臣に提出した。

（11）①現在の提案主体による既存の獣医師養成でない構想が具体化し②ライフサイエンスなどの獣医師が新たに対応すべき分野における具体的な需要が明らかになり③かつ、既存の大学・学部では対応が困難な場合には④近年の獣医師の需要の動向も考慮しつつ、全国的見地から本年度内に検討を行う

（12）「ニュース7」はその視聴者層を考えてか、基本的なスタンスとして視聴者はあまりインターネットを使っていないという前提で話を進めることが多い。

第8章　地域の情報流通における県域ラジオの可能性をめぐる一考察

石井育子

はじめに

インターネットの普及に伴うメディア環境の変容の中で、マス・メディアの秩序や公共性についての議論が様々になされている。たとえば、メディアの公共的役割やジャーナリズムの機能に関しても、これまでの議論の枠内では収まらないような事例が続々と生まれ、理論的な枠組みを再検討する必要に迫られているように見える。そうした中、筆者はオールドメディアという印象が強いラジオの特性を再検討したいと考え、特に県域民放ラジオの現場調査に基づきながら〝音声のみ〟のメディアであるラジオのメディア特性の再評価を試みた。

なぜ県域ラジオであったか。県域ラジオは地域のための放送時間が比較的長いにもかかわらず、その可能性や役割を検証するような研究はこれまであまり蓄積されていない。また、「地域メディア」とされるものの中で、県域放送はマス・メディアとして分類されているが[1]、研究は主としてテレビを対象としたものであった。しかし県域テレビが自社で制作し地域へ放送している率（自社制作率）をみてみると、「小規模なローカル局は放送時間の90％以上をキー局からの番組供給に依存するところも多く、近畿・中京地区にあって経営基盤の強い準キー局ですら、自社制作率は30％そこそことなっている」[2]という現実がある。一方、同じ地域メディアでも県域民放ラジオの場合、確かにテレビ同様、キー局からの番組供給と電波料配分という仕組みはあるが、地元地域へ向けた番組の自社制作率は平均で52・7％と高い[3]。全国をあまねく網羅するNHKの拠点ごとの地域への放送時間の平均（日）は、総合TV11％、AMラジオ10％、FM5％となっている[4]。つまり地域のために制作し放送している番組の自社制作率は、放送メディアの中でも県域民放ラジオが非常に高いことが分かる。しかし、そういった特徴があることはこれまであまり指摘されてこなかった。

さらに、ラジオの双方向性、例えば、寄せられた市民の声（はがき、メールなど）を取り上げながら進めていく番組手法や、送り手であるしゃべり手とリスナーのコミュニケーションについて、具体的な事例を対象として分析するような研究は決して多くない。少なくとも県域ラジオの送り手側の実践における意識や番組のテーマ設定の意味と評価に関するものは、素材の整備・保存が充分ではないという事情もあり検証が困難である。

そこで筆者は2016年夏、県域民放ラジオ局で自ら番組の企画・制作に携わっている7社9名の現場社員への調査を行ない、具体事例と意識を探った[5]。県域の民放ラジオ局は、社員の制作者がしゃべり手を兼任しながら地域へ向けた番組（自社制作枠）を担っているケースも少なくないため、送り手当事者としてリアルな実態を聴くことができた。そこで発見したのは、いずれの担当者も市民目線で日常の話題を伝えながら間接的に地域の課題を抽出、あるいは提起するような働きをごく自然に実践していることであった。しゃべり手はリスナーからの情報に耳を傾け、それに応えるということが日常的になされている。筆者は、そこに新聞メディアの本来の役割として期待されてきた、「権力を監視する」という使命とは位相は異なるが、ラジオのメディア特性をベースにした独自のジャーナリズム的要素があるのではないかという問題意識を持ったのである。

本稿では、前述の現場調査の結果を踏まえ、まず、ラジオの特性である「声」のもたらす身体的心理的側面（1）、県域という地域的コミュニティにおける立ち位置（2）、ラジオのジャーナリズム性の模索（3）という3つの視角から県域ラジオのメディア価値といえる要素を整理・検討し、今後の研究に向けての論点および課題の抽出を試みたい。

1　ラジオの特性――「音声」のもたらす心理的側面

人間の語る口調や声色は、感性や感覚、情緒などの領域に関わるものであり、これまでメディア研究においてもほとんど研究対象として扱われることはなかった。しかし、現代のようにSNS上で感情的なしゃべり言葉が行きかい、口語体の活字が活発に発信されている環境において、ラジオの特徴である〝音声のみ〟というメディア特性について注目してみることも意味があることではないだろうか。

前述のアンケート調査で、リスナーとの関係を問うた設問に次のような回答があった。

「私が若いころ、台風が通過した後に、高齢の女性リスナーから手紙をいただきました。さほど大きな台風ではなく、被害も無かったのですが、手紙には『夜中に風の音が大きくて寝られなかった。ラジオをつけたら、いつものAさんの台風情報を伝える声が聞こえてきて、この人もこんな時間まで大変だなぁと思ったら、安心して寝られました』とありました。気象台発表の情報で特別なものではありませんが、知っている人が伝えているという事が大切なので、そのために、レギュラーの番組でリスナーとの関係をきちんとしなければという意識になりました」

ラジオについて声、音の特性が語られることは多いが、この例はそれをよく表している。

人の声による安心感、特に災害時、3・11報道のような折に「いつものパーソナリティの声を聴いて安心した」というメッセージは筆者も目にしてきた。本項では、声・音の側面からラジオの特性としての身体的、心理的作用について考察する。

ラジオの特性と作用

人は、話す相手の声の高低や声音で同じ言葉でも印象が変わることがある。稲垣貴士は「音は物理的現象であると同時に心理的現象であり、感覚的な個人差も大きい[6]」とし、次のような分析をしている。「音はきわめて触覚的であり、空間的であるということだ。音は、聴覚という特殊感覚（他は、視覚・味覚・嗅覚・平衡感覚）を超えて一般感覚（触覚・圧覚など）にまでつながっているように思われる[7]」。稲垣は、たとえば無響室での耳が圧迫されるような感覚やコンサートの大音量の中での「身体の振動と一体化した聴取の感覚」を指して「触覚性」とし、同じバイオリンの音をコンサートホールと和室で聴いた時に違いを感じる音の響きを「空間性」として、「音が狭義の聴覚を超え触覚と交錯する」現象を持つとした[8]。

確かに、遠い昔によく聴いた音楽が流れると記憶がよみがえるようなこと（これは嗅覚にもある）とか、若い時分に好きだった曲を聴かせるとお年寄りが元気になるというような例もある。これは触覚とは質的に異なるであろうが少なくとも「別の感覚との交錯」とも考えられる。また藤竹暁は「体内化ラジオ論[9]」において、1980年代、イヤホーンで携帯ラジオを聴く形態が日常化した変化を指して「人間の外にあった音が人間の内部に入りつつある。音が人間の皮膚と同じようになりつつある」[10]と表現した。そして「誰にでも開かれた性格の（公的な）ラジオのメッセージは、受信者にとって体の一部として聴かれ、個人性、密室性を持って、個人の生理と結びついたところで受け取られる、という性格をもっている」とした上で、「パーソナリティは（聴取者にとって）対話をしている感覚を作り上げることのできる対象」[11]となると分析している。

声の密接性

北村日出夫は、このような感覚器官としてのラジオ論を最も早く論じたのは、長谷川如是閑ではないかという指摘をしている。[12] 長谷川如是閑は、１９３５年「ラヂオと統制時代」[13]という論説の冒頭で、ラジオは生活を決定、発展せしめる現代の最も有力な道具のひとつであるとし、次のように述べている。

人類最初の道具は手の延長であり、その後の道具の発展も要するに手の機能を精密にし又は強力にする性質のものを中心とし、感覚器官の延長としての道具がそれに伴つて発達して来たのである。即ち道具は運動器官の延長か、感覚器官の延長かであるが、ラヂオは両者の延長を兼ねたもので、声帯及び舌といふ運動器官並びに耳といふ感覚器官の延長である。電話も同じ性質の道具としてラヂオに先だって発達したが、これは道具の性質が私的なものであり、ラヂオは公的のものである。

北村が指摘しているように[14]、長谷川如是閑のこの論はマクルーハンから30年近く前のものである。また、ウォルター・J・オングは声の文化にもとづく思考と表現について、「感情移入的あるいは参加的であり、客観的に距離をとるのではない[15]」ことを特徴のひとつとして挙げている。文字を書くことが、「知られる対象から知る主体を切り離し、それによって〝客観性〟の条件をたてる」のに対し、声の文化は「知られる対象との、密接で、感情移入的で、共有的な一体化をなしとげるということを意味する[16]」としている。

ラジオの声や音が、人間的であり、感情に訴えるメディアといわれるゆえんは、おそらくこうした「声の身体性」といわれる原始的な感覚にあるのかもしれない。前述の高齢の女性リスナーに安心感を与えたのは、平常時から親しみ、信頼している「自分に語りかけられる声」そのものだったのであろう。

ここ数年、AI(人工知能)の技術革新の進歩の速さは目を見張るものがある。すでに人間の声の抑揚を学んだAIが、必要な情報を即時に防災行政無線で伝える実験も試みられているという。語り掛けたのが人間かAIか、その境が不明瞭になる時代は目前ともいえる。そういった中で感情を乗せた人間の声・音のみのメディアは何をなし得るのか。メディアの感覚理論とコミュニケーションの価値の吟味がいままさに問われているのかもしれない。

2　県域というコミュニティの特性

本稿で筆者は、県域ラジオにとってのコミュニティを地理的空間の社会的単位として捉えている。その理由は、電波的にも県域をカバーするという背景があること、さらにネットで他地域のラジオ局の放送を聴くことができる環境になったとはいえ、調査をしたラジオの送り手自身はあくまで県域の生活者を対象にしているからである。

そこで2つ目の視角は、県域ラジオが立脚するコミュニティの特性について先行研究と現場の意識から検討してみたい。

県域ラジオにとってのコミュニティ

コミュニティに関する古典的議論にロバード・マッキーヴァーの『コミュニティ』[17]がある。マッキーヴァーによれば、コミュニティは「村とか町、あるいは地方や国とかもっと広い範囲の共同生活のいずれかの領域を指すのに用いようと思う。……人間が共に生活するところには常に、またある程度の独自な共通の諸特徴――風習、伝統、言葉遣いそのほか――が発達する。これらは共同生活の標識であり、また結果である[18]」としている。マッキーヴァーの定義する

「コミュニティ」は、「地域性」が重要な要件として提示されているが、現代社会における概念は必ずしも地域に限らない多義性を持つ。林茂樹は、「今日的な意味における地域（社会）には、空間的、構造的、機能的な意味での地域の受けとめ方があり、その内容はつぎの枠組みによって時には個別的に、あるいは総合的に解釈されている」[19]として、日常的な活動における範囲としての政治圏、行政圏、経済圏、文化圏に類別した。さらに、ネット時代は、バーチャルコミュニティなど、よりグローバルに存在しているものとして捉えられてもいる。

しかし、前述したように筆者がメディアとコミュニティとの関係を考える際、基礎的背景としたのは、「電波の届く範囲であり、その地域の住民を対象にしていること」であるため、県域ラジオにとってのコミュニティとは地理的地域性に立脚したものとして捉えていくこととした。

「農村型」、「都市型」コミュニティの考察

県域ラジオにおけるコミュニティの特性について検討するにあたり、「人と人との関係性のあり方を象徴的に示したものとして〝農村型コミュニティ〟と〝都市型コミュニティ〟という2つの形成原理に類別」した広井良典の論を援用する。[20] 広井によれば、農村型コミュニティとは、「共同体に一体化する（ないし吸収される）個人」ともいうべき関係の在り方を指し、それぞれの個人が、ある種の情緒的（ないし非言語的な）つながりの感覚をベースに、一定の

「同質性」ということを前提として、凝集度の強い形で結びつくような関係性をいう。これに対し、都市型コミュニティとは、「独立した個人と個人のつながり」ともいうべき関係の在り方を指し、個人の独立性が強く、またそのつながりの在り方は共通の規範やルールに基づくもので、言語による部分の比重が大きく個人間の一定の異質性を前提とするものである。

　さて、この視点を農村型＝市町村ごとのエリアをカバーするコミュニティＦＭラジオ、都市型＝大都市圏にそれぞれ対応させながら検討してみたい。すなわち、「農村型コミュニティ」（コミュニティＦＭを想定）では「それぞれの個人が、ある種の情緒的つながりの感覚をベースに、一定の〝同質性〟ということを前提として、凝縮度の強い形で結びつくような関係性」であり、「都市型コミュニティ」（在京など都市圏のラジオを想定）では「〝独立した個人と個人の繋がり〟ともいうべき関係のあり方を指し、個人の独立性が強く、またそのつながりのあり方は共通の規範やルールに基づくもので、言語による部分の批准が大きく個人間の一定の異質性を前提とするもの[21]」と位置づけて考えてみた。そうみていくと、県域のラジオは、「都市型」に立脚しながらも「農村型」の性質を持っているという意味で、このふたつの性質を持ち合わせた位置に存在するのではないかと考えることができる。その理由は次の2点である。

①地理的範囲と放送のカバレッジという物理的な位置づけの同等性。

「農村型」の示す生活環境とコミュニティＦＭの担い手及び対象とする市町村の住民の生活

環境、同様に「都市型」と都市圏のラジオの担い手、対象とするリスナーにおいて類似性がみられる。

②県域ラジオは、マス・メディアとしての規範を保ちながら（都市型）、そのコミュニティにおける情緒的な関係（農村型）も自身の存在意義として大切にしている。

この②については、アンケート調査で「変えてはいけないことは何か」という質問への回答として「法に則った編成制作をしていく義務があり逸脱は許されない」「情報の信憑性を大切にしている」「信頼性や正確性の質を確保すること」「嘘がないか吟味」など送り手としての規範意識を示すものが多くみられた。その一方、「県域ラジオのしゃべり手としての特徴は何か」という問いへの答えに「パーソナリティが信頼できるリスナーを把握しているため、何かあった時は電話をして生放送でつなぐ」、「パーソナリティとの距離が近く、リスナーが適度な親近感を持ちながら番組に参加する」、「（頼まなくても）リスナーが情報を教えてくれる」、など、日々のリスナーの喜怒哀楽を受けとめるという情緒的関係を放送上の基盤としている。そのような個人的な親密性は都市部のラジオにはあまりみられない。また、コミュニティＦＭについては母体も様々で一括りにできないが、地域住民自体が番組を持って放送している例などは農村型にみる、「集団の内部における同質的な結びつき」の類型といえるであろう。県域ラジオの中には特に災害報道の折にコミュニティＦＭへ状況を聞くという回答もあった。したがって、県域のローカルラジオの担い手の意識は、この両者の要素を包含する中間的性質をもった位置にいるともいえないだろうか。

以上の考察を整理すると、県域ラジオにおけるコミュニティとは、地域性に立脚しながら住民の関心・要望に応える場であり、人と人のつながりという形成原理としては「都市型」と「農村型」の中間の層に位置づけられ、両者をつなぐ働きをする可能性を秘めているものということができる。

情報の循環と今後の可能性

では、地域における情報の循環はどうか。県域の民放ラジオは、いずれも大都市圏にあるキー局から番組を配信されるというネットワークの関係がある。アンケート回答にあった「県域でなければならない情報は存在する。ネットワークで在京局とのつながりを持つことによって、中央の情報を受け取りつつ、さらにローカルとの情報とも融合をはかることができる」というとおり、現在県域局では、大都市圏の局から送られる番組（情報）と県域に向けて伝える情報を日常的に両立させながら地域のリスナーに向き合う。コミュニティFMとの関係については「県内9つのコミュニティ局にニュースの配信契約をしている。出資した局もある」、「災害協定を結んでおり、緊急時に情報をもらえることになっている」という局同士の連携を試みている例もあるが、全体を見渡せば、都度の関係を持ちながらも一様に固定した関係ではなく現状は様々であろう。

しかし情報の循環という視点だけで考えれば、こうしたキー局と連携している県域局の放送にコミュニティFMによる市町村の人の声が、あるいはコミュニティFMの編成にキー局や県域局からの情報が入ってくるとすれば、特に災害時などの折には有益なものになるに違いない。実際そうした試みを実践した「中継放送局」の事例もある。[22] ネットによる多種多様な情報が行きかうなか、制度・仕組みが整えば県域ラジオ局の存在が、こうした情報循環のハブになり得るということを検討することも決して無益なことではないのではないだろうか。ただ情報循環のハブに位置づけられたとしても、扱う人間がどのような情報をどういった視点で問いかけ発信するか、という送り手の意識と知見が次の課題として存在する。

3 ラジオとジャーナリズムの距離

現代の日本のラジオメディアは、独自の取材によるスクープや調査報道など、いわゆる番犬役のジャーナリズム活動を行っているとはいえない。しかし、ニュースをそのまま伝えるだけかといえばそれも正確ではないのではないか。社会の課題について識者をゲストに迎え、議論するようなプログラム、あるいは生放送でリスナーに言葉を投げかけ、電話やメール、twitter などからの反応に、送り手自身が影響されながら応え、ともに考えるというような手法はどう説明し得るのか。

現在のネット環境で報道機関のこれまでの在り方も大きな変化のときにある。「ニュースを集め、広めるという仕事はどのような形になるのであろうか、誰がそのコンテンツを作るのであろうか。そしてどのように消費されるのだろうか。換言すれば、次世代のジャーナリズムともいうべきものに私たちが何を求めるのか[23]」というようなことが問われてもいる。

それらを考える途上で、オールドメディアとされるラジオのメディア特性の中に参考となりうる要素はないのだろうか。

そこで3つ目は、これをラジオのジャーナリズム性という視角から検討してみることにしたい。

歴史概観

ラジオのジャーナリズム性に関する議論がどうなされてきたのか簡単に追ってみたい。

戦争直後（第二次世界大戦直後）は戦時中における発表報道への反省が強く、その反動で、民主化のための活発な論が張られた。いかにすれば民主的なラジオメディアを確立していけるか模索されたといっていいかもしれない。1940年代後半には新聞から独立したラジオならではの伝え方など、ニュースに関しての、より具体的な手法を議論したものがみられる。たとえば「（インタビュアーは、）新聞社関係とは違った一つの、言葉についての素養を持っていることが必ず言われなければならぬ。その点放送記者ももっと言葉の研究をしなければならない[24]」、「本人が書いて喋るというのがいいわけです。放送ジャーナリズムを確立するためにもものが書けて而も喋れるという人が沢山でることが必要ではないか[25]」というようなことが担い手側の座談会で議論されている。

そして民放ラジオが誕生する1950年代に入ると、あらためて新聞と比べて放送ジャーナリズムの果たすべき役割やラジオジャーナリズム及びラジオジャーナリストを定義づけようという論もみられる。金澤覚太郎は、「放送ジャーナリズムは一般ジャーナリズムの一環として存在するものだからジャーナリズムの範疇から逸脱することはできないが、放送という特別条件のもとにあるジャーナリズムは、他の一般ジャーナリズムの企及しがたいものを有利に展開していこうとする意欲を持っていいはずである[26]」とし、「一つの事象そのものまたはそのコピーを定時的に不特定多数者に伝達配布することが既成ジャーナリズムから生成発展した純粋放送ジャーナリズムであり、その活動に関係し従事する人員が放送ジャーナリストと呼ばれるべきものとなる（略）ラジオ記者が単に出先現地から電話や原稿で事件のコピーを送ってくるなら一般ジャーナリズムの通信記者と変わらない。彼がマイクを通して活動するときに及んで、ラジオジャーナリストとなる[27]」など、ラジオ的な手法でのジャーナリズム活動を期待するような論がみられる。

しかしその後、テレビ隆盛の時代になると、こうしたラジオに対するジャーナリズム論は一切みられなくなる。むしろラジオはテレビを見ることができない環境、たとえば車内で聴く野球中継、若者向けの深夜放送等で活用されるメディアとなる。放送ジャーナリズムに関するものや批判は主としてテレビを対象としたものになり、そして2011年の東日本大震災、いわゆる3・11報道で、災害報道におけるラジオの役割が再評価されたが、研究の領域は、コミュニティFMなど、既存メディアに対抗するオルタナティブ・メディアの萌芽としての市民メディア論がなされるようになっていくのである。

実践の記録

ところで、民放誕生時代、戦後の放送における民主化政策の2つの指針「市民の声」「地域の文化を醸成」を主体的に具現化したといえるような実践がある。ラジオ青森（1953年開局）の『ラジオ井戸端会議』、『炉辺クラブ』『首長にもの申す』などの県民参加型の番組である。市井の声をマイクで集め収録、課題を抽出し、これを他の県民や行政に知らせていく、あるいは意見を交換するという番組であったようだ。当時の社長小沼靖によれば、放送局設立の目的は「地域社会の住民の声を行政当局が吸い上げ、その行政に反映させるためのものです。これは民主主義の基礎である地域社会の復権と自立を願うコミュニティメディアとしての責任」とし、番組の編成について「これは放送というパブリック・フォーラムに、県民のアクセス権を原則的に許容したという意義ある基調であって、その基調が現在の放送事業の上に重大な座標となって展開しつつある」と述べている[28]。当時はテレビ誕生以前という時期でもあり、社会的な背景も現在の環境とは大きく異なる。しかし、少なくとも確たる理念をもって地域の課題を市民の声で浮き彫りにしようと試みたことは現在からみても注目に値する。さらに、これは県域ラジオが地域ジャーナリズム活動を実践していたことを証明する意味でも貴重な記録であろう。

現在の意識と役割

さてそれでは現在の県域民放ラジオの現場の意識はどうか。「ラジオはどのようにしてジャーナリズム性を発揮していると思うか」という問いに対する回答である。

「うちは報道番組というものがない。報道といえば天気、交通情報、ニュースコーナー。地震対応も入る。ラジオに新聞の様なジャーナリズムは期待されてないと思う。ラジオは今をどう伝えるかなので自分が担当している番組で（リスナーの）関心が高いテーマは取り上げている」（50代男性、テレビ兼営ラジオ局プロデューサー）

「ローカルラジオは、新聞社とのかかわりも多少あるが、ニュースの提供程度でそれ以上の深堀りはしたくてもできない。放送局として報道機能はあるが、スクープを狙うというようなジャーナリズム性はない。ジャーナリズムという言葉すら違和感がある」（40代男性、テレビ兼営ラジオ局、ディレクター、パーソナリティ）

「普通の人間の生き様に興味があります。それをコーナー企画にしてドキュメンタリーにしたい。そういう形で表現するのが自分にとってのジャーナリズムです」(40代男性、ラジオ局ディレクター、プロデューサー、パーソナリティ)

この他、地域の課題を自ら、あるいはリスナーの要望で解決したというような具体事例はあるか聞いたところ、「問題を考えるというような直球なやり方はないです。目的ではなく結果として一緒に考えたということはあるかもしれない」「ラジオ的には人の声を伝え、リスナーが何を感じるかでしょう。(自分は)答えを導くような偉いパーソナリティではないので」という回答で、多くの調査対象者は「解決ということばに違和感を覚える」という意識であった。

以上の回答から見ても現在の県域民放ラジオは、地域に向けた自社制作枠の番組でスポンサー要望にも応えられるような営業しやすい企画を面白く聞かせることに日々腐心しているというのが実態であろう。その過程の中で一般リスナーからの指摘により話題が拡散したり担い手側に問題意識が生まれることもある。

次の事例は、地域の課題にコミットした例であり、解決に向けて直接的なメッセージを訴求しつつもリスナーへの取材で担い手自身が問題意識を持ったという例である。制作とパーソナリティを担当したA氏[29]にインタビュー取材した。概要を記す。

番組名:「10分の婚活コーナー(仮称)」(平日生ワイド内コーナー番組)

内容・スタッフ体制:A氏による企画として2016年春からミニコーナーとして放送。週替わりで「婚姻」をめぐる話題を当該者や周辺への取材を元に構成（収録）。取材と編集はA氏1人で行っている。以下A氏へのインタビューから（カッコ内は筆者補足）。

きっかけは、高齢者向きの番組の打ち合わせで市役所に出入りしていたところ、その隣に「出会いサポートセンター」の窓口が出来ていてたまたまその担当者と雑談したことです。すぐに企画を提案し、コーナーが出来ました。内容は、イベントの告知と人への取材と自分の言葉の3点セットで毎回「結婚って素晴らしい」と思ってもらうことが目標とされました。スポンサーご指定のゲストもいるので難しいこともあります。「だから今の若い人は結婚できないのよ」というような目線で話されたら共感は得られません。いろいろな人間がいます。なるべく様々な人の声を生かしていきたいのですが、恣意的に発言を集めてもいけない。お分かりのように5分程度にまとめるのに長い時間、話を聞くわけですから取材もうまくやらねばなりません。

この企画は関心が高いのか、始めてからリスナーからの声も多く寄せられています。その声から少子化問題が、社会的背景、たとえば農家に嫁が来ないなど昔からの課題もありますが、20代の男が自立できるような働き口が少ないとか、経済、暮らし全般の問題などが背景にあることが見えてきました。これからむしろそこにも焦点をあててやっていきたいのですが、スポンサーとの意見の相違もあります。根深い地域社会の問題ということですね。（問・番組として問題解決はできるのか？）地域の活性といっても、まず小さな問題を本人たち（当該者）に聞かねばわからないし、知っているふりでしゃべってもリスナーには届きませんよね。丁寧に掘り起こしたり、耳を傾けたりしながら、解決とまでいかなくとも（何が問題か）リスナーと共有は出来ると思います。

ローカルにおいてこのような事例を課題としている地域は珍しくないだろう。A氏はあらたに生まれた自分の問題意識をどう番組に取り込むか悩んでいた。「地域社会には、その地域が直面する課題を焦点化するジャーナリズムの実践が要請され、ジャーナリズムが自治にはたす役割は大きい[30]」とされるが、行政がスポンサーに加わるとそうもいかない現実がある。特に事例の場合は、単なる広報番組以上のものを期待されてもいた。ゲストとの対話、編集時の匙加減ひとつで伝わり方が一変する。それを自ら営業し、ひとりで作り上げる過程で問題意識を持ち始めたという渦中に話を聞くことになった。

地方新聞など地域メディアのジャーナリズム活動について竹下俊郎は「マス・メディアとは別のチャネルを持つ地域的な議題設定の主体（地方議員、自治体、様々な地域的利益集団など）が影響力を行使するため、メディアの活躍する余地が制限されるのだと考えられる[31]」と指摘しているが、この事例は県域のラジオも同様の状況にあることを示すものである。

しかしラジオはそもそも、「権力を監視し市民の知るべき情報を提示する」というような、本来新聞メディアの使命とされてきた役割を期待されているわけではない。権力というより市民に向かうメディアと言ってもいいかもしれない。ラジオはリスナー（市民）の日常の身近な話題からアプローチする手法を取り、目的は結論を導く「断定」でなく、むしろ「提起」することといえよう。そのためにリスナーの反応や寄せられる声は欠かせない要素となる。

特に県域ラジオは、アンケート回答にあった「地域性の創造には、そのサイズに合ったメディアの存在は有用」「県域でなければならない情報が存在する」ということに立脚しながら「リスナーから問題や気づきを提供される」ことに傾聴し適宜担当者がテーマ（アジェンダ）を設定しているようである。

以上のことから整理すると、ラジオのジャーナリズム性とは、「報道活動及び日常の番組においてもみられるもので、パーソナリティなどメディア側（時にリスナー）のテーマの提起によって、リスナーの考えや行動に影響を及ぼす可能性のある、少なくとも感情が動いたり別のアクションをするきっかけとなる可能性のある手法」といえる。言い換えれば、ラジオにジャーナリズム機能があるということではなく、ラジオ的なアプローチや伝達手法がジャーナリズムを支える作用をもたらす可能性があるものということになる。そして「ラジオ的」というのは、突き詰めれば「人間の声」であり、心理を汲み取る力をもつことによって成される「リスナーとの対話的手法」であろう。

本調査で、県域ラジオ局の担い手たちが日常のリスナーとのやりとりで問題意識を持ち、放送上で身近な地域の課題として提起するような例をいくつか考察したが、その過程で気になったことは、テーマや課題の設定手法が組織的な共有事項ではなく、1個人の問題意識に依ることが多い点でもあった。

ネット環境における激しい情報の循環の中で、見えにくく置き去りにされる情報を掘り出すのはむしろ送り手である人間に依るということ、その評価と価値について今一度考えねばならないのではないだろうか。

結びに代えて

2015年12月、筆者はアメリカの公共ラジオNPR(32)のメンバー局のひとつでサンフランシスコにあるKQEDを訪問し、番組制作の工程見学とスタッフインタビューを行った。全体の1割強の独自制作枠が地域へ向けたもので、テーマ選別から取材体制までデスクを中心に非常にシステマティックに進められていた。「今起きていることではなく、起きつつある問題を地域の人への声で追っていく。ラジオは人間的メディア。ネットにも記事をアップするが、声による手法はなくなることはない。手法より内容。それが非商業放送の使命でもある」という考え方がすべてのスタッフに共有されているという。ラジオをめぐる環境、歴史的成り立ちや政策制度、経営基盤などが大きく異なるアメリカと日本を単純に比較できるものではないが、印象的だったのは、KQEDのプロデューサーの「我々でなければできない地域独自の取材がある」という発言と同様の言葉を県域ラジオの調査の過程でも幾度が耳にしたことだった。

本稿では、県域ラジオのメディアとしての特性、立脚しているコミュニティの性格、担い手の情報選別と実践について再検討し、考察してきた。しかし、これらはまだ端緒に過ぎない。本稿で抽出し検討した問題をより一般化して考えるためには、より多様な地域やケースを対象とした調査、都市圏との対比、リスナー調査などが必要だろう。

また現在、民放ラジオをめぐる現実の環境は厳しいものがある。広告費の減少などによる経営環境の厳しさの中で、ネット時代のビジネスフレームを模索している段階ともいえ、構造的にも大きな変化の潮流の中にある。しかし、メディアにとって「問うべき視点を抽出する能力」は、時代を経ても必要であろうし、そこに介在する人間の感性の重要性は変わることはないであろう。

今後は、ネットの情報が行きかう中での音声メディアの役割を考察していくとともに、情報を扱うメディアの送り手の手法や特質からその存在意義の検討・評価に焦点をあてて研究課題としていきたい。

注

（1）竹内郁郎、田村紀雄編『新版　地域メディア』（日本評論社、１９８９年）３頁によれば、地域メディアの総括的な定義は「一定の地域社会をカバレッジとするコミュニケーション・メディア」とされ、「地域」の含意が地理的空間を占める社会的単位と共通性や協働性を指標とするものに大別された。その類型の中で県域放送は地理的領域を伴ったコミュニケーション・メディアに大別されている。
（2）岩崎貞明「日本の放送実態」鈴木秀美、山田健太、砂川浩慶編著『放送法を読みとく』（商事法務、２００９年）20頁。
（3）「ラジオ経営に関する総合研究報告書」（日本民間放送連盟研究所、２０１３年）27頁。
（4）ＮＨＫ平成28年度国内放送番組編成計画「平成28年度（前半期）放送番組時間表」51頁、地域放送時間データより算出。www.nhk.or.jp/pr/keiei/.../28jikokuhyo-kokunai.pdf（2016.9）
（5）筆者は、学位論文のため民放１０１局のうち7局9名のＡＭ（単営・ラテ兼営）及びＦＭ局の現場社員にアンケート調査とインタビュー取材を２０１６年夏に実施した。
（6）稲垣貴士「音のリアリティ」斧谷弥守一『リアリティの変容？』（新曜社、２００３年）29頁。
（7）稲垣、前掲30頁。
（8）稲垣、前掲30頁。
（9）藤竹暁「体内化ラジオ論」『ラジオコマーシャル』53号（１９８４年）
（10）藤竹、前掲10頁。
（11）藤竹、前掲11頁。
（12）北村日出夫「ラジオ20世紀のメディア意味空間の原点」『マス・コミュニケーション研究』55号（１９９９年）

38頁。
(13) 長谷川如是閑「ラヂオと統制時代」『長谷川如是閑集第6巻』(岩波書店、1990年) 144頁。
(14) 北村、前掲、38頁。
(15) ウォルター・J・オング、桜井直文他訳『声の文化と文字の文化』(藤原書店、1991年) 100頁。
(16) オング、前掲、100頁。
(17) ロバート・マッキーヴァー、中久郎、松本通監訳『コミュニティ』(ミネルヴァ書房、1975年)
(18) マッキーヴァー、前掲、46頁。
(19) 林茂樹「地域情報の特質」船津衛編著『地域情報と社会心理』(北樹出版、1999年) 30頁。
(20) 広井良典『コミュニティを問いなおす』(ちくま新書、2009年)
(21) 広井、前掲、15頁。
(22) 県域ラジオ放送事業による中継局を活用した放送。2013年7月「放送ネットワークの強靭化に関する検討会」中間報告の提言を受けて総務省はラジオ強靭化に資するため、地域情報の充実に向けた県域ラジオ放送事業者と市町村の連携について検討、調査研究の請負を公告し2014年10月㈱エフエム岩手がこれを受託した。エフエム岩手は、既存の自社中継局のひとつ、野田中継局を活用してコミュニティFMを設営し2014年11月から翌年3月にかけて市町村からの放送と県域放送、および全国への番組乗り入れなど実験を行った。
(23) ビル・コヴァッチ/トム・ローゼンスティール　奥村信幸訳『インテリジェンス・ジャーナリズム』(ミネルヴァ書房、2015年) 259頁。
(24) 小林三郎「座談会・新聞と比較しながらラジオニュースを語る」(出席者・時事新報論説委員内海丁三、東京新聞政経部長塚本壽一、日本放送協会報道部内信課長吉田良直、同報道部解説課長小森政治、同内信課杉山清、同木庭典三、同外信課吉田正、同解説課熊谷幸博、同演出部演出課小林三郎、同報道部長高橋武治)『放送文化』

8月号（1949年）6頁。

(25) 小森政治「座談会・ローカル放送と地方文化の問題について（第1回四国地方）」、（出席者・愛媛新聞社長平田陽一郎、愛媛師範学校教授篠原梵、作家岡田偵子、松山中央放送局長斎藤健太郎、同放送部藤井史郎、同技術部松本梅吉、徳島放送局川上行蔵、高松放送局長山松比古、高知放送局金谷照、日本放送協会編成局企画部安藤庸、同放送文化研究所小森政治）『放送文化』11-12月号（1946年）注20、6頁。

(26) 金澤覚太郎「放送ジャーナリズムの確立」『放送評論』1巻1号（1953年）46頁。

(27) 金澤、前掲、47頁。

(28) 小沼靖「県民参加の自主番組」清成忠男、中村尚司共編『地域主義』（学陽書房、1978年）163-178頁。

(29) 東北地域のラジオ局に約20年勤務。生ワイド含め7つの番組で、企画制作ディレクターからパーソナリティまで担当。

(30) 畑仲哲雄『地域ジャーナリズム』（勁草書房、2014年）109頁。

(31) 竹下俊郎「マス・メディアの議題設定機能」『新聞学評論』30号（1981年）212頁。

(32) National Public Radio（1971年発足）。機能はニュース取材と番組制作、並びにその配信。全米の非商業ラジオ局約900局のメンバー局がNPRからの配信を受けている。

訴訟原告団）日本評論社、2016年

共訳書（カッコ内は共訳者名等）

フィリップ S. ジェームズ『イギリス法上 序論・公法』（矢頭敏也監訳、浦田賢治）三省堂、1985年

インデックス・オン・センサーシップ編『表現の自由と検閲を知るための事典』（田島泰彦監修、滝順子、増田恵里子、丸山恵子）明石書店、2004年

デイヴィッド・ライアン『9.11以後の監視——〈監視社会〉と〈自由〉』（田島泰彦監修、清水知子）明石書店、2004年

デイヴィッド・ライアン『監視スタディーズ——「見ること」「見られること」の社会理論』（小笠原みどり）岩波書店、2011年

デイヴィッド・ライアン『スノーデン・ショック——民主主義に潜む監視の脅威』（大塚一美、新津久美子）岩波書店、2016年

1993年
『日本社会と法』（渡辺洋三・甲斐道太郎・広渡清吾・小森田秋夫）岩波書店、1994年
『政党国庫補助の比較憲法的総合的研究』（森英樹）柏書房、1994年
『新聞学（第3版）』（稲葉三千男、新井直之、桂敬一）日本評論社、1995年
『テロリズムと報道』（現代ジャーナリズムを考える会）現代書館、1996年
『破防法で何が悪い!? ——自由を守るための多角的視点』（奥平康弘）日本評論社、1996年
『新聞人の良心宣言』（新聞労連・現代ジャーナリズム研究会）新聞労連、1997年
『児童・青少年』（放送倫理ブックレット編集委員会）日本民間放送連盟、1999年
『人として　ジャーナリストとして——放送と人権』（日本放送労働組合）日本放送労働組合、2000年
『現代憲法——日本とイギリス（新版）』（元山健・倉持孝司）敬文堂、2000年
『いま日本の法は（第3版）』（浦田賢治・新倉修・吉井蒼生夫・中村芳昭）日本評論社、2001年
『名誉・プライバシー保護関係訴訟法（新・裁判実務大系9）』（竹田実、堀部政男）青林書院、2001年
『プライバシーと出版・報道の自由』（青弓社編集部）青弓社、2001年
『現代社会と自治』（憲法理論研究会）敬文堂、2004年
『国際化のなかの人権問題（第4版）』（上田正昭）明石書店、2004年
『現代立憲主義の認識と実践（浦田賢治先生古希記念論文集）』（愛敬浩二、水島朝穂、諸根貞夫）日本評論社、2005年
『暴かれた真実 NHK番組改ざん事件——女性国際戦犯法廷と政治介入』（「戦争と女性への暴力」日本ネットワーク）現代書館、2010年
『情報公開を進めるための公文書管理法解説』（右崎正博、三宅弘）日本評論社、2011年
『止めよう！市民監視 五つの矢』（海渡雄一）樹花舎、2015年
『沖縄密約をあばく——記録・沖縄密約情報公開訴訟』（沖縄密約情報公開

『裁判員制度と知る権利』（梓澤和幸）日本評論社、2009 年
『調査報道がジャーナリズムを変える』（山本博、原寿雄）花伝社、2011 年
『共通番号制度のカラクリ——マイナンバーで公平・公正な社会になるのか？』（石村耕治、白石孝、水永誠二）現代人文社、2012 年
『秘密保全法批判——脅かされる知る権利』（清水勉）日本評論社、2013 年
『情報公開法・個人情報保護法・公文書管理法——情報関連７法（新基本法コンメンタール）』（右崎正博、多賀谷一照、三宅弘）日本評論社、2013 年
『秘密保護法 何が問題か——検証と批判』（海渡雄一、清水勉）岩波書店、2014 年
『特定秘密保護法とその先にあるもの——憲法秩序と市民社会の危機（別冊法学セミナー）』（村井敏邦）日本評論社、2014 年

共著（Ⅰ）（カッコ内は他の共著者名）
『メディア規制とテロ・戦争報道——問われる言論の自由とジャーナリズム』（原寿雄、桂敬一）明石書店、2001 年
『情報は誰のものか——沖縄密約事件・北朝鮮報道・メディア規制』（筑紫哲也、西山太吉、細野豪志）岩波書店、2003 年
『「イラク」後の世界と日本——いま考えるべきこと、言うべきこと』（姜尚中、きくちゆみ、渡辺治）岩波書店、2003 年
『イラク派兵を問う』（天木直人、池田香代子、野中広務）岩波書店、2004 年
『逐条解説 特定秘密保護法』（青井未帆、斉藤豊治、清水勉、晴山一穂、三宅弘、村井敏邦）日本評論社、2015 年

共著（Ⅱ）（他の編者の下での共著のうち若干のもの。カッコ内はその編者名）
『憲法の精神』（浦田賢治）日本評論社、1985 年
『マスコミと人権』（清水英夫）三省堂、1987 年
『政治倫理と知る権利』（清水英夫、新藤宗幸、江橋崇、右崎正博）三省堂、1992 年
『徹底討論 犯罪報道と人権』（メディアと人権を考える会）現代書館、

編著

『個人情報保護法と人権――プライバシーと表現の自由をどう守るか』明石書店、2002年

『表現の自由とメディア』日本評論社、2013年

『物言えぬ恐怖の時代がやってくる――共謀罪とメディア』花伝社、2017年

共編著（カッコ内は他の共編者名）

『情報公開法』（右崎正博、三宅弘）三省堂、1997年

『現代メディアと法』（右崎正博、服部孝章）三省堂、1998年

『少年事件報道と法―表現の自由と少年の人権』（新倉修）日本評論社、1999年

『報道される側の人権――メディアと犯罪の被害者・被疑者（新版）』（飯室勝彦、渡邊眞次）明石書店、1999年

『盗聴法の総合的研究――「通信傍受法」と市民的自由』（右崎正博、川崎英明）日本評論社、2001年

『報道の自由と人権救済――《メディアと市民・評議会》をめざして』（原寿雄）明石書店、2001年

『住基ネットと監視社会』（斎藤貴男、山本博）日本評論社、2003年

『誰のための人権か――人権擁護法と市民的自由』（梓澤和幸）日本評論社、2003年

『解説＆批判 個人情報保護法――プライバシーと表現の自由を守るために』（三宅弘）明石書店、2003年

『超監視社会と自由――共謀罪・顔認証システム・住基ネットを問う』（斎藤貴男）花伝社、2006年

『表現の自由とプライバシー――憲法・民法・訴訟実務の総合的研究』（右崎正博、山野目章夫）日本評論社、2006年

『市民が広げる議会公開――傍聴を閉ざす議会とメディアの欺瞞』（北村肇、今井一）現代人文社、2008年

『ジャーナリストが危ない――表現の自由を脅かす高額《口封じ》訴訟』（MIC、出版労連）花伝社、2008年

『［新訂］新聞学』（浜田純一、桂敬一）日本評論社、2009年

田島泰彦教授略歴

1952 年 8 月	埼玉県秩父（小鹿野町）に生まれる
1975 年 3 月	上智大学法学部法律学科卒業
1978 年 3 月	早稲田大学法学研究科公法学専攻（憲法専修）博士前期（修士）課程
1983 年 3 月	同　博士後期課程単位取得満期退学
1983 年 4 月	神奈川大学短期大学部専任講師
1986 年 4 月	同　助教授
1994 年 4 月	同　教授
1999 年 4 月	上智大学文学部新聞学科教授

またこれまで、恵泉女学園短期大学、群馬大学、関東学院大学、早稲田大学、横浜国立大学、成城大学、中央大学、お茶の水女子大学、大東文化大学法務研究科、早稲田大学大学院（法学研究科、法務研究科）などで非常勤講師を務める。

全国憲法研究会、日本マス・コミュニケーション学会などに所属し、活動するとともに、放送と人権等権利に関する委員会、毎日新聞「開かれた新聞」委員会、逗子市情報公開審査会、川崎市情報公開運営審議会、監視社会を拒否する会などにも関わってきた。

主な研究業績

（ここでは原則として著書（単行本）だけにとどめ、雑誌、定期刊行物等掲載の論文は除外した。）

単著

『人権か 表現の自由か――個人情報保護法・メディア規制立法を問う』日本評論社、2001 年

『この国に言論の自由はあるのか――表現・メディア規制が問いかけるもの』岩波書店、2004 年

韓 永學（はん・よんはく）
1971年生。上智大学大学院新聞学専攻博士後期課程修了。博士（新聞学）。現在、北海学園大学法学部教授。専門はメディア倫理法制。著書に『報道被害と反論権』（明石書店、2005年）、『韓国の言論法』（日本評論社、2010年）など。

千 命載（ちょん・みょんぜ）
1971年生。上智大学大学院新聞学専攻博士後期課程修了。博士（新聞学）。韓国ゲーム管理委員会責任研究員。専門はメディア倫理法制。『韓国メディアの現在』（共著）（岩波書店、2012年）、『表現の自由とメディア』（共著）（日本評論社、2013年）。

城野一憲（しろの・かずのり）
1984年生。早稲田大学大学院法学研究科博士後期課程単位取得退学。鹿児島大学教育学系講師。専門は憲法学、表現の自由。『表現の自由とメディア』（日本評論社、2013年）、『変動する社会と憲法（憲法理論叢書21）』（敬文堂、2013年）（いずれも共著）など。

森口千弘（もりぐち・ちひろ）
1990年生。早稲田大学大学院法学研究科博士後期課程修了。博士（法学）。早稲田大学比較法研究所招聘研究員。専門は憲法、思想・良心の自由。共著書に『平等権と社会的排除』（浅倉むつこ・西原博史編、成文堂、2017年、第8章を担当）。

大塚一美（おおつか・かずみ）
1977年生。上智大学大学院新聞学専攻博士後期課程修了。博士（新聞学）。山梨学院大学等非常勤講師。専門は情報法、メディア倫理法制。『調査報道ジャーナリズムの挑戦』（花田達朗・別府三奈子と共著、旬報社、2016年）。

浮田 哲（うきた・てつ）
1959年生。上智大学大学院新聞学専攻博士後期課程単位取得退学。羽衣国際大学教授。専門は放送論、メディア論。共著本として『表現の自由とメディア』（日本評論社）、『市民が広げる議会公開』（現代人文社）。

石井育子（いしい・いくこ）
1961年生。1985年㈱エフエム東京入社。開発部門などを経て2008年から報道情報センター部長。2015年上智大学大学院新聞学専攻前期課程（2017年修了）。現在は㈱ジャパンエフエムネットワーク番組制作部エグゼクティブプロデューサー。

権力vs市民的自由 —— 表現の自由とメディアを問う

2018年3月20日　初版第1刷発行

編著者 —— 韓永學、大塚一美、浮田哲
発行者 —— 平田　勝
発行 ——— 花伝社
発売 ——— 共栄書房
〒101-0065　東京都千代田区西神田2-5-11出版輸送ビル2F
電話　03-3263-3813
FAX　03-3239-8272
E-mail　info@kadensha.net
URL　http://www.kadensha.net
振替 ——— 00140-6-59661
装幀 ——— 黒瀬章夫（ナカグログラフ）
印刷・製本 — 中央精版印刷株式会社

ISBN978-4-7634-0847-1 C3036

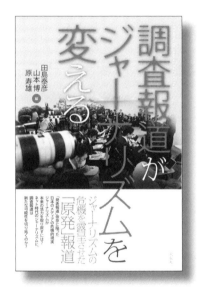